Think Faster, Talk Smarter: How to Speak Successfully When You're Put on the Spot

# 思考更敏捷，說話更機智

## \ 史丹佛 MBA 必修溝通課 /

麥特·亞伯拉罕 Matthew Abrahams 著

徐彩嫦 譯

# 目錄

## 第二部　在特定場合說話更機智

推薦序

# 理解思維與說話之間的關連，你會更快樂！

王介安

記得我剛進入職場工作時，曾經被前輩告誡，公司給你一份薪水，你要發揮你的價值！這個價值最重要的是，你一定要有「發掘問題和解決問題的能力」。

後來，我在不同企業擔任高階經理人，以及自己經營的公司，也都會勉勵我的團隊，一定要有發掘問題和解決問題的能力。但是時光一直往前推移，縱觀職場能力的需求，不難發現我們的要求漸漸轉向了。

微軟全資子公司領英（LinkedIn）這個職場知名的社群，曾針對五千名副總或更高階主管進行的調查顯示，有高達百分之九十二的美國高階經理人認爲「人際溝通能力」會是未來非常重要的軟實力。

爲什麼這個比例這麼高？明顯的原因當然是，職場工作者都缺乏人際溝通能力，導致主管們會有這樣的強烈感受。

另外，你再想像這個職場情境：兩個員工當中，老闆要提拔一個人當主管，他的考量標準是什麼呢？

兩個員工的專業都相當，最終決戰沙場的就是溝通表達能力。比較有溝通協調能力的人、善於表達自己的人，甚至提案簡報的技巧比較好的人，就變成了主管。我在企業進行培訓課程多年，早就發現了這一個很普遍的事實。

我們到底該怎麼提升自己的溝通表達能力呢？市場中有這麼多的課程、這麼多的書籍，甚至在網路上也有很多資訊，我們可以從各種不同的角度提煉出溝通與表達的技法，可是在這麼多訊息當中，如何釐清關鍵技術呢？

相信你一定不否認，思考與說話之間有非常直接的關係，我們怎麼想，就會怎麼說。這所有關鍵，都能在這本《思考更敏捷，說話更機智：史丹佛MBA必修溝通課》中找到答案。

必須說，我很佩服本書作者麥特．亞伯拉罕。我看過他的很多演講，也閱讀過他的論述，他不僅表達能力極好、邏輯清晰，更重要的是，在他的研究過程當中，不斷告訴大家溝通與表達中最犀利的關鍵。我想，這也是他受歡迎的重要原因。

作者在本書的論述分成兩大部分，第一部分探討溝通與表達的方法，第二部分探討不同場合的應用。

不知道你認爲溝通當中的關鍵詞是什麼？雖然我自己就從事溝通表達的研究與教學，但閱讀完這本書，並透過麥特．亞伯拉罕提綱挈領的六個關鍵詞，仍重新領略了溝通效能的反思。

溝通中如何「冷靜」「解放」「翻轉」「傾聽」「架構」「關注」？作者在書中提出這幾個面向，我把它列出來了，相信你應該能理解這本書在講什麼。這六大切入角度，幾乎涵蓋了溝通的主要面向。一旦我們眞的通透理解，並依照書中的「試試看」以及實際的個案、操作的技巧進行，相信一定能讓我們的溝通表達能力如虎添翼。

另外，在這本書當中還講到不同場合的應用，以及各種延伸的思考，包含聊天、敬酒、提案、問答、回應，甚至是很艱難的道歉，這一切都能讓我們更清晰地整理自己的思緒，因爲作者提供了很多關於溝通的「訣竅」，一步一步引導我們思考和運用。

衷心期待這本書的繁體中文版誕生，能讓更多人領略溝通表達和思維之間的連結。一旦我們眞正懂得這些關鍵技術，生活一定更美好，工作一定更快樂。

（本文作者爲GAS口語魅力培訓®創辦人）

## 推薦序

# 成為一個在不同場合都能掌握機會的溝通高手

鄭志豪

做爲一位由高階經理人轉戰企業培訓的專業講師，加上又經常受訪而能在鏡頭前侃侃而談，「口才靈便」是許多人對我的一大印象，但我是一個天生就很擅長講話的人嗎？

不，我永遠記得小時候第一次被要求上臺發言時，必須用講臺來遮住我的身子，因爲深怕臺下的人看見我緊張得渾身發抖的模樣。後來發現，除非我能把話講好，起碼讓別人知道我表達的意思，否則我在很多地方都會處處碰壁。從當年到現在，我親身經驗證實把話講好、與他人隨時隨地都能自在溝通，是一種可以訓練出來的能力，而這就是一本教大家如何都能自在溝通的好書，進而讓你發揮更大的影響力。

我特別喜歡這本書的一點，就是它不但淺顯易懂，而且又扎實有用。只要透過六個步驟：冷靜、解放、翻轉、傾聽、架構、關注，就能思考更敏捷，說話更機智，讓你開口講話時的焦慮小怪獸消失於無形。

本書更讓人印象深刻的一點，即書中提供的都是一些你我都做得到的方法，只要循序漸進地按照說明練習，很快地你就會發現，自己的口語表達能力，突然提升了不只一個等級。

舉例來說，你或許總想在一些重要場合，說出一句能夠讓人大力點頭的話，但往往就像你太想把事情做到最好一樣，反而會適得其反。但本書會告訴你與其如此，不如先練習如何說出一句「讓平庸更平庸」的話吧！當你試著這麼做時會發現，原來自己並不需要隨時都能妙語如珠，一樣可以大受歡迎，關鍵就在於你不但能把心態調整爲更加平常心，而且還可以突破原先思考模式的既定框架。

雖然書中舉了很多即席演說的例子，但加強表達及溝通，好處與效果絕不僅止於發表一場演說而已。當你要與別人對話，書中提到的技巧及方法不僅適用，而且相當好用。例如該如何傾聽他人以及如何讓對方產生興趣繼續聽下去，這些都足以讓你隨時隨地都能更容易地與他人展開對話，有了順利的對話，人生當然也就有無數機會。

又例如說你在公司提案，又或者是在會議中被老闆或客戶問了一個問題，你會希望自己的觀點能被對方接受，還是只能結結巴巴地請對方等你準備好更多資料再說？很多人以爲這只和臨場反應的速度有關，但其實這也跟溝通技巧是否夠好，以及能否讓自己做好準備息息相關。如何讓自己對那麼多未知的狀況做好準備？答案就從閱讀本書開始做起。

再舉一個更實用的例子好了：國內簡報名師和知名的簡報課程何其多，但其中多半都在教你如何設計或進行簡報；可是以我在不同的跨國企業、曾面對各個不同國家的客戶經驗來說，當我們好不容易爭取到一次在客戶面前的簡報機會，其實半數以上的時間，以及遠超過半數以上的決勝關鍵，是如何在簡報對象前進行Q&A，而我卻很少在國內的簡報課程看到專門著重這一點，和我在美國所接受的訓練大異其趣，而這當然是很可惜的。但本書專門有個章節，是介紹如何征服Q&A問答時間的架構及步驟，而我也希望每位讀者都能因此獲益，成爲一個在不同場合都能掌握機會的表達和溝通高手！

（本文作者爲熱門課程「一談就贏」創辦人）

# 各界推薦

爲什麼「在毫無準備下表達得有條理」很難練？因爲這不是一個能力，而是許多不同的能力交互出來的作用。像是，同時用不同的角度看待事情、說話的邏輯架構、快速看見問題背後的問題、抓住人們注意力的技巧等。

不過，如果你光是被人們注視就會變得渾身不對勁，即使擁有以上這些能力，在瑟瑟發抖的狀況下恐怕也很難發揮實力。

如何正確地認識恐懼，學會從焦慮中恢復理智，是我們眞正應該先學會的能力，而這正是本書的第一課。

我相信這本書能帶你一步一步地將每塊拼圖都準備好，並且依據不同的場合，拼出各種不同的精采！

——小虎老師（羅鈞鴻）／知名講師、《從我開始的關係功課》作者在我們工作和生活中，無時無刻不都會遇到需要臨時表達看法的時刻，這也是不少人最害怕被戳中的痛點。如何化窘境爲舞臺？此書提供有效的方法及實作練習，將解救許多口拙辭窮的人！

——愛瑞克／TMBA共同創辦人、《內在原力》系列作者

在任何需要溝通說話的情境或場合裡，無論你有準備、沒準備，口才好、口條差，還是都有可能碰上說不清、道不明、講不好、接不上，甚或說錯話的窘境。或許旁人安慰你沒關係，你卻非常在意，並且懊悔不已，不只是因爲你很可能因此錯失了工作機會、得罪了重要人士、傳達了錯誤訊息……更重要的原因是，你很氣沒能夠展現出最好的自己，你所有的才情，都被拙劣的言詞遮蔽了。本書針對各式各樣的溝通情境，特別是突如其來的發言場合、出其不意的臨時作答，因而最容易讓人臨陣退縮的即興溝通與表達，提供了經過科學驗證的方法論，以及許多實用的工具和技巧，讓你可以透過持續練習，未來在任何要說話的場合，非但能夠不失常、正常發揮，更可以超常表現。

——齊立文／《經理人》月刊總編輯

# 前言
# 思考敏捷，說話機智

「你怎麼想？」

我們或多或少都曾被這個看似無害的簡單問題突襲，在場的其他人等著我們回話，我們卻只能在沉默中尷尬著、焦慮著，甚至嚇得冷汗直流。

想像一下，當「你怎麼想？」出現在以下情境，你有什麼感覺？

- 在多人參加的視訊會議中，你想著午餐要吃的墨西哥捲餅，沒專心聽討論內容，這時老闆突然對你丟出問題。
- 同事在會議中報告得亂七八糟，會議結束後，突然在電梯裡問你問題。
- 某家厲害公司的管理層和部分團隊成員找你餐敘，順便跟你面試。用餐時，其中一位高階主管這麼問你。
- 在大學的大班課堂上，有名的教授隨機點名你回答問題。

這種猝不及防的問題難免會令人爲難、惶恐，但我們總想要回答得又快又清楚，最好還要有點風趣；更重要的是，我們不希望出醜丟臉。

所以老實說，如果有人問我們這類問題，我們想的其實是：可惡！叫到我了！

## 臨場發揮？還是火燒屁股？

在日常生活中，即使沒人刻意問我們怎麼想，還是常有即時談話的需求：參加婚宴時，朋友突然要你發表感言；登入視訊會議時，其他人都還沒上線，你必須獨自面對很想跟人聊天的執行長；在時尚奢華的雞尾酒會上，同事引介了有潛在合作機會的重要人士；完成一場正式演講後，主持人請你多留十五分鐘，回答現場觀眾的問題。

有時我們還會讓自己陷入險境，爲了脫困，不得不隨機應變：尷尬失言後，你想挽救局面；展示重要產品的電子設備臨時出狀況，你必須用其他方式推銷；心情不佳時說了氣話，你只能設法道歉；有時腦袋打結，忽然想不起熟人的名字或原本想說的話。

很多人一想到要發揮臨場反應說話，往往會覺得很可怕。研究顯示，比起蟲子、站在高處、針尖、殭屍、幽靈、黑暗、小丑等事物，美國人更怕公開發表演說。正式的公開演講還可以事先準備；相形之下，無法事先準備，也不能依賴草稿或小抄的即興演說就更嚇人了。

即便是不太擔心公開演說的人，想到說錯話、沒回答好問題或是臨場反應失常的經驗，可能還是會耿耿於懷。爲了拙於應付這些場合而氣餒，或是爲了可能到來的即興談話機會而焦慮，都很正常，因爲我們都希望說話時可以展現俐落的專業形象，能夠眞情流露且對答順暢，但欠缺應對技巧和對話的不可預測性都可能讓我們的希望破滅。

## 聚光燈突襲的片刻

接下來我想請你做一件事：用平常慣用的方式在胸前交叉手臂，然後放下雙手，接著交換雙手交疊的順序，重做一次。感覺是否怪怪的？你可能有一瞬間不太確定手要怎麼擺、身體忽然無法跟思考同步，感覺很困惑、猶豫，甚至還有點驚慌。

這很像有人突然要你回應問題的感覺。你通常會知道自己的想法和想說的話，就如同你知道怎麼交叉手臂，可是換個場景之後，例如處於有壓力的社交場合，你可能就會感到惶恐、不知所措。這時你的戰或逃機制會啟動，心臟跳得很大聲、四肢發抖，可能還會出現我戲稱爲「管線錯亂」的症狀——平時乾燥的手掌變得汗濕、潮濕的嘴巴變得乾燥。在努力讓自己回神的過程中，你可能會支支吾吾、欲語還休，也可能答非所問，或是盯著腳尖，手足無措地龜縮在位置上，只說得出「嗯」和「呃」。

你甚至可能會完全愣住。在二〇一四年的消費電子展期間，《世界末日》和《變形金剛》系列導演麥可．貝在介紹代言產品時，提詞機出了狀況，不得不即興發揮；即使是他很熟悉的題目（也就是自己的電影），他還是幾乎說不出話來。結巴一陣後，迅速道歉下臺。當時一位電視播報員犀利點評：「這可能是導演繼《變形金剛：復仇之戰》之後，最令人尷尬、傻眼的表現。」

## 「我不擅長即興演講」

麥可．貝後來解釋那天的行為：「我想，現場演出不是我的強項。」很多人都會認為，未經任何準備就能即興演出，是因為本性喜歡或是有天分；有的人做得到，其他人卻沒辦法。我們會這麼告訴自己：「我本來就不是才思敏捷、口齒伶俐的人。」「我很害羞。」「我都用數字思考。」有的人甚至覺得，他們無法即興演講是因為智力不如人、資質低下。

有時，一起災難性事件就足以讓我們一輩子都以為自己不擅言辭。

珥瑪是一位六十多歲的圖書館員，她很希望能在孫女即將到來的婚禮上表達一些祝福，可是一想到要站在大家面前講話，她就背脊發涼。我問她爲什麼這麼害怕，她回顧數十年前，一件高中時期的往事——有一次她回答完問題，老師公然在全班面前羞辱她：「我教書到現在，從沒聽過這麼蠢的爛答案。」

有了這次的經歷後，珥瑪不再主動積極參加聚會和社交場合。她的人生甚至因此有了重大轉折：她選擇成爲研究型圖書館的館員，因爲這個職位不太會有充滿壓力的無預警溝通。仔細想想，珥瑪的人生發展受到這麼大的局限，只因爲她不想再次經歷即興演說的潰敗。

這個案例聽起來似乎很極端，但其實很多人都在做類似的事。過往的失敗讓我們清楚意識到自己無法對答如流，因此我們會害怕進行即興談話。一次失敗可能會連同後續經歷形成惡性循環：一緊張就會表現更差，結果讓我們更加緊張、癱瘓我們的回話能力，到了某個時間點，焦慮會變得難以承受。聽到腦中持續重複著「我做不到」，我們可能寧願縮在陰暗角落，也不敢說出心裡可能還不錯的想法，或可能有所貢獻的提議。於是上課時，我們會坐在教室後排，開會時坐在會議室最不起眼的角落，參加視訊會議時也關掉攝影機和麥克風，盡量避免引人注目。

無論是職場或日常生活，不懂得如何在毫無準備的情況下溝通，確實有可能衝擊職涯或人生發展。多年前，我在一家新創軟體公司上班，有一位同事——在此我們姑且叫他克里斯想出一個行銷主打產品的絕妙主意。如果要落實他的想法，公司必須大幅調整既有的商業策略，因此得先審慎評估。大家要求克里斯加以說明，也問了一些有難度的必要問題，他卻愣住了，慌亂地提供一些含糊的答案，說了半天都沒談到重點，完全無法打動主管和同事，以至於大家不再重視他的意見和專業，後來公司決定開除克里斯。半年後，公司採用了新人提出的主意，也就是克里斯當初提的主意。公司會改變，是因爲新人在受到質問時可以清晰地表達想法，並說服團隊支持。

## 六步驟讓思考更敏捷，說話更機智

我寫這本書是想讓珥瑪、克里斯和任何不擅言辭的人知道：他們不必絕望。我還有一位拙於跟人互動的學生，名叫阿契娜。她剛搬到美國時，轉換了職業跑道，對自己很沒信心，總是盡量避免發言。她回想當時的情況：「我對自己很嚴苛。工作會議時，我會很焦慮、不敢說話。」後來她意識到沉默寡言會拖垮工作表現，害她錯失更好的職涯發展機會。

她開始學習、演練一系列談話方法和技巧，談話時總算可以變得比較放鬆、自在。隨著腦中批判的聲音轉弱，自信漸漸增強，她越來越不怕開口講話，或是參與任何需要即興談話的場合。不久後，她已經可以沉著地主持團隊工作會議。一位同事去世時，她甚至沒料到自己會願意在眾人面前致悼詞。

有的人天生比較外向、豪邁、反應敏捷、能言善道，可是就算沒有這些優勢，也不必用我們的不足之處來定義自己，或認爲命運已定。能幫我們未經準備就流暢發言的，不是天賦，不是性格，而是面對這項挑戰的態度和做法。

很多人在即興社交互動中都覺得綁手綁腳、阻礙重重。有了這樣的預設立場，難免會戰戰兢兢，然後因爲害怕而表現得不好。換句話說，造成阻礙的正是自己。如果能少給自己一些壓力，多練習一些有用的技巧，在任何意外的重要場合，都可以對答更流暢、言詞更動人。我們甚至有可能可以炒熱氣氛、「享受」當下。我想說的是，我們都可以學習怎麼思考更敏捷，說話更機智。

無論我們是否認爲自己和藹可親、能說會道，這本書提供的「思考更敏捷，說話更機智」方法和應對不同情境的說話架構，都可以幫我們在談話中變得更自在、更有自信。

「思考更敏捷，說話更機智」方法有六個步驟：

一、先承認一件我們早就知道的事——所有形式的溝通都會令人困擾，即興談話尤其如此。我們必須創造一套屬於自己的焦慮管理方案，以便緩解緊張症狀。

二、好好反省自己的溝通方式，還有評判自己和他人的方式，將這些情況視爲建立連結和合作的契機。

三、允許自己學習新思維，冒險嘗試新方法，把犯過的錯誤當成備而不用的方案。
四、傾聽他人的話（或是沒說出來的話），並聆聽自己的內在聲音和直覺。
五、利用敘事結構把想法變得更好懂、更簡潔、更吸引人。
六、運用簡潔易懂且能引起共鳴的說話風格，讓聽眾更容易專注於我們想傳達的內容。

利用一些有效的技巧，我們可以很快就完成這六個步驟的某些部分。但如果想在充分的準備下應對任何即興談話，這六個步驟基本上都是我們必須長期培養的技能。很多人以爲，只有天賦異稟的人才能隨時隨地對答如流，他們不是頭腦特別靈活，就是口才特別好。有的人確實有這些天分，然而即興談話的祕訣其實是「練習」和「準備」。只要肯投入時間、改掉舊習慣，刻意練習更多說話方式，我們都能成爲口才更好的人。雖然聽起來很奇怪，但我們的確可以針對難以預期的談話場合有所準備，而且勤加練習某些技能可以讓我們更自在地表達想法、更充分地展現人格魅力。

學習任何新技能都一樣，最好先別給自己太多壓力。請記住，你需要一些時間才能練到隨時隨地都應答如流，別逼自己馬上就做到這種程度。你願意精進自己的說話技能，已經是一件可喜可賀的事。有些人根本沒想過要怎麼應對即興談話，有些想過的人則是不敢採取行動。你願意打開這本書，證明你不但有所覺察，也有勇氣改變。

學會從容即興談話需要耐心、決心、平常心，不過就像所有我教過的學生一樣，你會發現：這一切足以改變人生。

## 人生不是ＴＥＤ演講

當我們想到即興溝通，最常見的有害迷思之一是，「厲害、動人的說話者完全不會說錯話」。看看那些成功的ＴＥＤ演講者，完全不看小抄，自然地完成精湛的演講。還有蘋果的史蒂夫．賈伯斯、前美國總統夫人蜜雪兒．歐巴馬，他們總能以扣人心弦的話語迷倒廣大觀眾，並以此著稱。

事實上，ＴＥＤ演講者多半有背稿，有時講稿還經過潤飾。至於賈伯斯和歐巴馬這類意見領袖，還會花費好幾個月排練、完善演說內容。我們往往會以爲，這種經過規畫和優化的演說，跟平日時常出現的即興談話沒什麼兩樣，因此我們會用有稿演講的水準來評估自己的日常對話表現。這是不對的。與其要求自己像在演講時那樣完美說話，不如接納缺失，專心做好當下能做的事。訓練自己降低評判標準，可以減輕壓力，更有益於我們完成溝通目標。

其實，老是想著要「說對話」，只會增加說錯話的機率。如果一直想記起成功經驗，或固定用一種方式說話，我們很可能會因爲心力都集中在回想做過的事，而忽略了當下應該要聆聽和觀察的事，結果反而沒能適切、眞誠地回應眼前的情況。如此一來，我們便遠離了讓思考更敏捷、說話更機智的眞正目標：**好好做自己，把握當下與對話者的連結**。

古典鋼琴家公開演奏蕭邦練習曲前，會先背下所有音符，以期在演出時有完美表現。但不可預測的談話比較像是爵士樂，我們要即興創作，並試著辨識周圍對話者的節奏，跟他們一起律動。想成爲好的即興創作者兼談話者，得先拋開對溝通的成見，掌握一套新技能——快速、精準地接收周遭環境的信號；衡量聽眾的需求，根據這些需求調整表達方式；管理我們的恐懼，以免受控於恐懼。

我的意思不是說日常生活完全不需要規畫過或排練過的談話，其實正好相反。但我們當中有不少人已經學會這類溝通方式，甚至有點太擅長了，所以我們要平衡一下，好好練習即興談話。學會新方法和新工具後，那些我們已經習慣的溝通方法和技巧，依然會保留在可應用的選項中，有必要時還是可以拿出來用。

## 容易被點名的好處

還記得因爲老師惡評而跑去當圖書館員的珥瑪嗎？我正好有截然不同的成長經驗。我的姓氏是A開頭，這件很普通的小事造就了現在的我，讓我得以寫出這本書。原因是，很多老師和掌權者習慣用姓氏的字母排序點名，我往往是第一個被點到的人。我很清楚記得，從小到大只有兩次不是第一個被叫到名字（如果你好奇的話，另外兩個先被叫到的姓分別是亞伯特〔Abbott〕和艾比〔Abbey〕）。

因爲總是第一個講話，我不會有機會參考其他人怎麼回答，通常也沒什麼時間準備。從小學開始，我就成爲老是要即時回話的孩子。起初我覺得很煩，後來習慣了之後，就不再那麼拘謹，會嘗試用不同方式說話、搞笑來試探大家的反應。其他人似乎很慶幸在被叫到之前可以先聽到我的想法。

這些正向回應給我很大的鼓舞，於是我又做了更多嘗試，說話時越來越不緊張，也會抓住各種發言機會。到了高中，大家都認爲我是喜歡先發表意見的外向者，有的人甚至覺得我很風趣幽默或魅力十足。所以，我眞的生來就風趣幽默、魅力十足嗎？當然不是——問問我家孩子就知道。我只是在日常社交情境中有大量的即興經驗，持續操練久了，就習慣成自然。

我希望你也可以像我一樣，在即興談話的情境中變得自在又自信；而且你不必改姓氏也做得到。

## 來自史丹佛大學的溫馨禮物

二〇一〇年早期，我任教於史丹佛大學商學院，那時同事們注意到一個有趣的趨勢。我們通常會請學生在課後去研究一些案例，然後在數十人或數百人的課堂上隨機點名，學蘇格拉底問問題，測試他們的學習狀態。我們的學生都很聰明勤奮，也善於表達，正式演講時總是表現得很優異，他們當中有不少人當過畢業生致詞代表，或在職場上有演講經驗。然而，在課堂上被隨機點名時，他們卻表現得不盡理想。很多人都會惴惴不安地來上課，或是在最有可能被叫到的那幾天請假。被點到時，他們常常會愣住，即使知道答案，也很難馬上回答出有意義的見解。

由於我在史丹佛商學院和進修推廣部教溝通相關課程，常被說是「很會溝通的傢伙」。同事希望我可以設計一套新課程，讓學生能學習課堂即時社交互動的技巧，與既有的演講簡報技巧課程互補。為了這門課程，我研讀了所有能找到的即興溝通相關資料，包括溝通、心理學、演化生物學、社會學和教育學等領域的學術期刊，以及即興喜劇表演的教科書，還有在政治、商業、醫學等領域的即興溝通研究案例。最重要的是，我還多方請教史丹佛同事，向他們學習各種知識和經驗，稍後也會在書中提到他們。

與亞當・托賓共同開設史丹佛進修推廣課程的即興說話課之後，我融合教學經驗，創立了一個名稱雖然怪怪的，但很有啟發性的工作坊：「思考敏捷，說話機智：壓力爆表狀態也能有效即時溝通」。令我驚喜的是，這個工作坊後來變成商學院的一項傳統。許多工商管理碩士生都在畢業前學會了思考敏捷、說話機智。後來我將課程內容以影片和 Podcast 的形式公開放在網路上，也受邀到一般公司、非營利機構或政府單位授課。

我收到了驚人的回饋。學生說他們不再害怕令人討厭的隨機點名，更喜歡去上課了。其他從網路發現我的人也來分享這些方法如何幫助他們成功通過面試、籌募資金、完成學位口試、贏得新客戶、讓老闆讚賞，甚至還有人求婚成功。企業客戶則回報，使用我教的方法後，團隊溝通更順暢、關係更緊密、職場環境更和諧，連帶工作績效也更好了。

如果你可以在即興溝通中變得更自在、更有自信，會發生什麼事？如果被單獨點名，回話不再像接受審判或折磨，而是變成一個可以與人交流、學習、連結的機會，甚至可能從中得到樂趣，會發生什麼事？如果你可以不再自我懷疑、不再流手汗、不再結巴，而是用更有條理、更簡潔、更迷人的方式說話，會發生什麼事？如果眾人目光聚焦在你身上時，你可以臨危不亂，敏捷地思考、機智地說話，會發生什麼事？

現在你有機會做到上述的事。《思考更敏捷，說話更機智》是一本簡明、實用的溝通指南，學會其中的方法後，你就不會再排斥任何難以事先準備的談話場合。書中的第一部分闡述了一套有效的六步驟方法，可以從中了解即興對話難以順暢進行的原因。首先，我會教你辨識增加即興溝通壓力的主要痛點。也許你之前不曾留意到某些痛點，不過我訓練學術界人士、企業家和各方意見領袖時，這些痛點都很常出現。你將學到如何管理焦慮（第一章：冷靜），避免完美主義讓你裹足不前（第二章：解放），打開封閉的自我，放下抗拒的思維（第三章：翻轉）。接著我會展示讓你表現傑出的工具和策略。你將學習積極傾聽對話者，以了解當下需要說的話（第四章：傾聽），即時想出對話內容的架構（第五章：架構），精準流暢地表達出有吸引力的想法（第六章：關注）。

第二部會列舉一些常見情境，具體說明當我們必須立即表達自我時該怎麼做。我會探討如何用特定方法應對常見的溝通挑戰，例如怎麼給予有效的意見回饋、怎麼在面試時展現亮點。我也會告訴你，企業家如何用我訓練的策略有效應對以下場合：向潛在合作夥伴提案或尋求合作機會、愉快的閒聊、說出觀眾喜愛的即興敬酒感言、致詞、介紹，甚至是以動人的方式道歉。我整理了一份說話架構應用摘要，放在附錄一。

最後我也會在附錄二放一個 QR 碼，你可以由此連結到「思考更敏捷，說話更機智」的官方網站，我會不時上傳新素材和影片，除了討論、展示書中的概念，也會提供我的新想法。

如果你看書是爲了準備特定說話情境，想直接跳到第二部或附錄也沒關係。但我想提醒，有機會時，最好還是回頭看第一部，因爲徹底改善溝通技能的基本策略都在這些章節。

在這本書中，我希望可以挑戰既有觀念，並提供一些反直覺的方法幫你應付各種麻煩的即時溝通任務。爲了讓你更容易記住這些內容，我除了會指出希望你嘗試的特定方法（在「試試看」區塊），也設計了一些可以讓你更深入練習重要方法的活動（在「小練習」區塊）。學會這些方法後，我們就可以挽救失言，降低不可預期情況的衝擊，也可以更優雅地面對或傳達壞消息、從容地跟心儀對象調情；可以在酒會中展現魅力，也可以在任何需要回應的場合用親切、迷人或有效率的方式跟人對答如流。

## 化窘境為舞臺

當然，我無法保證你學了書中的方法後，在任何對話場合都會有完美表現。坦白說，我並不希望你每次都會有完美表現。在即興談話的情境中就是應該要……即興。那些佼佼者使用我教的方法時都很有彈性、很靈活、很有創意，可以隨著環境和氛圍調整說話方式和內容。話雖如此，學會一套實用的方法總是有備無患，而且妙處無窮。你可以在任何即興談話場合變得比較從容、自信，面對任何突發狀況時，也會比較有底氣。

精通即興溝通的過程就像學一種運動。你得先學會基本原則，然後運用在實際發生的情境中。你可能不會在重要賽事打出全壘打或是取得致勝關鍵的一分，但至少可以踏實地朝目標邁進，而且很清楚自己怎麼做到的。

關鍵是，你要相信自己做過的練習，允許自己去冒險，在已經習慣或熟悉的領域做出新的嘗試。你不必拋棄任何已經熟知的事物，但可以探索、融合不同的方式，讓自己熟練、掌握很多人都不重視的溝通技能。

你可以把這本書當成練習指南。前往任何場合之前，無論是重大會議、聚會、婚禮、旅行、媒體亮相……只要你認爲有即興溝通的需求，並希望表現亮眼，都可以先讀一讀這本書。把書中的方法和技巧加入溝通工具箱後，無論遇到什麼情況，你都能更有效地表達自己。

人生某個重要時刻突然到來時，很多人總是因爲毫無準備而錯失表現機會。這其實很可惜，而原因不外乎這些時刻讓我們陷入驚慌，心智短路的我們無法正常發揮特長。這種情況是可以改變的。我們可以訓練自己邊思考邊說話，表現得邏輯清晰、與眾不同，且絕對眞誠；可以學習展現更多眞性情，表達更多眞實想法。

現在，我們一起開始吧！了解並練習以下六個步驟後，你也可以思考更敏捷，說話更機智。

第一部

# 「思考更敏捷，說話更機智」的方法

成為即興說話高手六大步驟

# 第一章　馴服焦慮小怪獸——冷靜

為了避免手足無措，我們可以花費一點心力掌控即興談話的焦慮。

現在剝洋蔥幾乎每次都會讓我流眼淚，不過更早以前，我想到洋蔥卻有截然不同的感覺——也就是驚慌！那時有一家處於發展上升期的軟體公司在招募員工，我經過幾輪面試，最後要跟執行長面談——親自主持最後一輪面試是執行長引以為傲的工作。

當我依約定時間抵達，這個關卡的大魔王已經到了。這讓我嚇了一跳，因為照以往經驗，高階主管通常很忙會遲到。在那之後我接到了另一顆更具分量的曲球——開始對話沒多久，執行長突然問了一個意想不到的問題（後來我才知道他為了測試應徵者在壓力下的臨場反應，總會問一些開放式問題）：「如果你是一顆洋蔥，我剝開最外面三層後，會發現什麼？」

嗯，好喔。我以為我們的話題會是我的學業表現、經歷、目標，還有我為什麼適合這家公司之類的。他怎麼會問我洋蔥的問題？

儘管我從小到大有充分的即興談話經驗，這時的我卻經歷了大多數人在類似情況中都會有的感覺——戰或逃機制啟動：肩膀緊繃、喉頭乾燥、頭腦過載，全身發抖又發熱。我很希望面試成功，可是當時我受制於焦慮，不知道該怎麼回答問題。

好好說話不嚇歪

想增進即興溝通的技能，甚至是任何溝通技能，首先要學習管控緊張焦慮。如同我先前講過的，心一慌，宰制內心的緊張就會消耗掉注意力、精力和執行力。我們甚至會陷入所謂的「焦慮螺旋」：焦慮會讓我們怪罪自己、失去信心，因而覺得孤單、無力、不受重視，進而感到更慌亂。在極端的情況中，當調適能力崩潰，焦慮螺旋還可能會讓我們在眾目睽睽下窒息。

好消息是，我們可以運用一些技巧來減少焦慮，在任何場合都可以自在表達想法，不受焦慮影響，並且變得更有魅力。

我們的目標不是要消滅焦慮，而是要避免焦慮阻礙我們。有些情況難免會讓我們驚慌，這很正常，有一點緊張是好事；太多壓力當然有害於圓滿達成任務，不過實驗顯示，適量的壓力反而可以激勵我們。當我們感受到輕微的緊張或恐懼時，身體會充滿躍躍欲試的活力，心神會更加警覺、專注，對周遭變化更敏銳。曾有一項關於老鼠的實驗結果告訴我們，突如其來的壓力會刺激新的腦神經細胞生長，促進記憶力。

在我的經驗中，馴服說話焦慮小怪獸的最佳方法要雙管齊下：首先要處理在當下出現的「症狀」；其次，應付焦慮的深層「來源」。在這一章，我們會先談症狀，之後再討論焦慮的可能來源。

有一些簡單的方法很快就可以緩解症狀。當你預料到會有即興談話的情況時，事先或在當下運用這些方法，感覺就會比較從容自信，回起話來會更得體。以後去工作面試或進入任何即興談話，並莫名奇妙出現類似剝洋蔥的問題時，就可以用更好的狀態來應對。

## 焦慮有三種

人們緊張時的症狀大致上可以分成三大類，我們可以稱爲「**說話焦慮的ABC**」。

有人當眾問我們問題時，我們會有「情感性」（affective）症狀，也就是心情和感受會受影響。聚光燈打下來時，人很容易會覺得緊張、受困、無力行動，受到攻擊的感覺可能會讓人怕得不知所措。

我們也會經歷「行爲性」（behavioral）或「生理性」症狀：流汗、發抖、結巴、心跳加快、聲音顫動、呼吸急促、語速變得快又不穩、滿臉通紅、口乾舌燥。

最後一種則是「認知性」（cognitive）症狀。驚慌失措時，腦筋一片空白，忘了原本想講或應該講的話；因爲太擔心受到注目，無法專注聆聽對話者和他們的需求，腦袋還會充斥很多負面想法的雜音，催眠自己說：我還沒準備好，我可能會失敗，別人都比我好……

## 正念很重要

我們來看看要怎麼應付這些症狀。先從情感性症狀開始。負面情緒出來幫倒忙時，正念練習會是很有效的應對方式。當你有不愉快的感受時，承認這些感受的存在，不要忽視或否定，也不要因為有這些感受看輕自己，因為一時的感受不能定義你整個人。史丹佛大學教授S．克里斯蒂安．惠勒說過：「將『我』和『我身體裡的緊張感受』分開看待，這樣你就可以觀察感受，同時跟感受保持距離。」

跟你的情緒面對面打招呼，提醒自己會焦慮很正常，大多數人遇到同樣的情況也會如此。你可以告訴自己：「現在我很緊張。因為這個場合很重要，一出錯我的名聲就毀了。所以有這種情緒反應很合理、很正常。」覺得快要迷失或心神不定時，讓自己去注意、辨識內心和身體有什麼反應，有助於找回控制感。確認自己的負面情緒是正常現象，可以避免受到情緒宰制。接著深呼吸，或是想像要怎麼回應旁人說的話，你將有機會脫離負面情緒，採取後續行動。

對自己的感受有更多覺察後，你可以進一步重整有所妨礙的負面情緒，將這些感受轉成振奮精神的助力。人們常認為發言前若很緊張，要設法讓自己冷靜下來。有人會利用酒精或其他物質，也有人專注於視覺想像，比如學電視劇《脫線家族》的建議，把觀眾當成「一群只穿內衣的人」。

然而這些做法可能會導致你心神恍惚或心不在焉，結果是弊大於利。我的朋友艾莉森・伍德・布魯克斯教授建議，**將焦躁轉化成興奮**會是更好的策略。她在進行一系列實驗後發現，在公開演講前說自己很興奮的人（大聲地說出「我很興奮」）表現得比較好，他們也確實覺得精神有所提振，不再視演講爲威脅，而是當成表現機會（後面會有更多詳情）。

原來焦慮和興奮影響身體運作的方式是一樣的。兩者都會讓我們處於「高度警戒」的狀態。如同正念練習，將焦慮轉化爲興奮可以讓我們得到控制感。說話情境帶來的威脅感會造成難以控制的生理反應，但怎麼理解和看待這些威脅感，是我們可以掌控的。有了控制感，我們就能改變說話經驗，這點也有益於改善說話技能。

**試試看**

以後感受到焦躁之類的負面情緒時，提醒自己，那種情緒不是全部的你。想像你是另一個人，正在觀察產生那種情緒的自己。

## 慢一點、冷一點、濕一點

處理行為性症狀時，專注於呼吸是歷久不衰的好方法。做幾次深長的腹式呼吸，就像做瑜伽或打太極拳時那樣。讓空氣扎實地充滿腹部，你會發現，這種呼吸方式可以讓你冷靜下來，減緩心跳和語速。

呼吸時，要專注調整吸氣和吐氣的長度比例。我曾有幸在我的《思考敏捷，說話機智》Podcast 節目上訪問神經科學家安德魯．休柏曼。據他觀察，以深呼吸緩解焦慮的重點在於吐氣，因為吐氣時可以減少肺部的二氧化碳，舒緩神經系統。更精確地說，吐氣的時長大約為吸氣的兩倍以上會比較有效；也就是說，吸氣時，如果從一數到三，吐氣時就要從一數到六或更多。研究顯示，這類深呼吸在幾秒內就能平復神經系統，只要做兩到三次，心跳就會慢下來。

接著你會發現，語速也慢下來了。說話一定跟呼吸及其控制有關。呼吸越急促，說話就會越快；呼吸慢下來，語速自然而然也會變慢。

如果你是語速比較快的人，你可能會發現光是深呼吸沒辦法減速。這時，你可以試試放慢動作，讓手、頭和身體擺動的速度慢一點。我們的肢體動作會跟說話同步，因此語速快的人，身體也會動得比較急促；同理，如果動作慢下來，說話也會變慢。

戰或逃機制啟動時，身體會分泌腎上腺素，促使我們遠離危險，移動到安全的地方。腎上腺素會加快心跳，讓肌肉緊繃，甚至顫抖。在說話時轉動身體，或做小幅度的手勢，可以滿足我們想移動的需求，也有助於減緩顫抖的情形。如果你臨時要在婚禮上發表敬酒感言，講話時，可以試著慢慢地從一側走到另一側。（想想電視劇裡的法庭戲，律師回答法官問題或跟陪審團說話時有什麼動作？）當然，你不能踱步讓大家分心，不過，在切換論點時，朝某個方向走幾步，可以讓顫抖變得比較輕微。

如果你在受到矚目時突然臉紅、汗如雨下，又該怎麼辦呢？能做的事其實不少。受到心理壓力影響，我們的體溫會升高，同時心跳加速、肌肉緊繃、血管收縮、血壓飆升，這些情況會讓你流汗、臉紅，像是剛做完運動一樣。

讓身體降溫正好可以抵銷這些反應。我們可以從手部做起，因爲手跟額頭和頸背一樣，都是可以調節體溫的地方。你應該有過這種經驗：寒冷的早晨握著一杯熱咖啡或熱茶，身體就暖和起來了？這正是因爲先天的體溫調節器在發揮作用。當你發現自己受到矚目或覺得有這種可能時，手上可以先拿著冰涼的東西，像是一瓶或一杯冰水。遇到緊張的說話場合時，我通常會這麼做（沒錯，我也會有焦慮的時候），眞的很有效。

最後，我們來看看，當你想要說話，口舌卻乾得不得了，該怎麼辦？人一慌亂，唾腺會無法反應。喝溫水、吃喉糖或嚼口香糖可以讓唾腺恢復作用，但最好別等到要開口時才做這些事，因為嘴裡有東西很難說話。當你覺得自己快要被叫到時，可以花一點時間做準備，讓唾腺保持正常。

## 馴服你的腦

假設有一天，我主持一場重要的視訊會議，參與者有二十多位同事和客戶，突然間，網路出問題，接下來的十五分鐘那位要負責報告的同事被迫中途退出，身為團隊領導人，我必須發言填補臨時開天窗的議程，讓會議進行下去。可是我的身體進入戰或逃狀態，許多黑暗的聲音在腦中低語：「我不知道要講什麼。每個人都在等著看我的笑話。我會因此被開除。」

這時我可以默默複誦一個比較正面的口訣，擊退那些煩人的低語，拿回主導權。許多職業高爾夫球選手就常常這麼做，他們會複誦「冷靜」「鎮定」之類字詞來對抗負面聲音。我們也可以用口訣來提醒自己更重要的目標是什麼。在一個即興溝通情境中，你可以這麼告訴自己：

- **「我可以貢獻更多價值。」**
- **「我在更艱難的情境做過即興談話，現在我也可以。」**

### ・「這一切跟我無關，我要講的內容很有趣。」

複誦口訣可以重整我們的思緒，讓我們擺脫負面想法造成的厄運循環。

如果你突然想不起來要講什麼，可以試著倒帶再繼續。想想剛才講了什麼，再重複一次，這樣就有時間讓你的思緒重回軌道。很多人弄丟鑰匙時，也會採取同樣的策略：先回想去過的地方，然後推測自己可能把鑰匙留在哪裡。

你可能會認爲重複剛剛說過的話絕對不可行，因爲會讓對話者覺得無聊或分心。如果這種事情在三分鐘之內發生五十次，確實如此；可是一般而言，重複是好事。當你重複提及一個論點，等於是在提醒對話者這是重點，要好好記住。用不同的方式反覆敘述同一件事，可以讓人更容易理解並注意這件事，所以重複沒關係。你注意到了嗎？我剛剛就把同一件事重複了三次。看起來沒那麼糟，是吧？

你也可以問一些符合當下情境的一般性問題，爲自己爭取一些時間。偷偷告訴你一個祕密：我在教書時，有時思路也會突然卡住，畢竟教了這麼多課，我不可能完全記得在哪一班講過什麼。記憶錯亂會讓我陷入驚慌，我也希望可以迅速恢復，免得看起來很蠢。這種時候，我通常會停下來跟學生說：「在繼續講下去之前，我希望你們可以花幾分鐘想想，剛剛討論過的內容可以怎麼運用到你的生活中。」

你可能會說我很幸運，因爲我教的是溝通，大多數的上課內容確實都可以立即應用。不過我相信你很快就會想出一個可以問的一般性問題，然後趁機深呼吸，思考接下來要講什麼。

舉例來說，在視訊會議中，你可以這麼問：「你們想到有哪幾種方式可以用來跟團隊分享這個消息嗎？」如果你是主持會議的人，可以說：「我們先停下來想一想，剛剛討論的內容可以怎麼跟我們的目標結合。」

問題不必複雜，只要能讓人思考，暫時從你身上轉移注意力，讓你有機會喘口氣就可以了。如果你知道即將參加的場合（部門午餐、會議、婚禮等等）可能有即興談話的必要，可以事先想好這類問題，以備不時之需。

如果一想到說不出話來就讓你非常害怕，可以先利用一些做法安撫自己。當你認爲自己很有可能會進行即興談話，可以理性評估一下情況。首先問問自己突然腦袋一片空白的機率有多少。很多人理智上認爲，談話不順的機率有百分之二十或二十五，不過這意味著你有百分之七十五或八十的機率會發生狀況，我相信有這個可能。

接著，問問自己：「如果我眞的腦筋打結說不出話來，最糟的情況會是什麼？」很多人可能會回答：「我會很尷尬。」「感覺會很丟人。」「以後可能沒機會升遷。」「其他人會不想跟我講話。」我們可以列出一長串糟糕後果，但理性評估這些可怕的事之後會發現，這些後果很可能不會發生。因爲我們犯錯時，大家都在煩惱各自的問題，擔憂自己留給他人什麼印象，根本沒怎麼在注意我們。很多時候，我們都太過高估說錯話對自身形象的影響。心理學家將這種廣爲人知的現象稱爲「聚光燈效應」。

理性評估的過程可以減弱焦慮程度，給我們一些控制感，你還可以利用說話架構來降低突然說不出話的機率。說話架構讓你有路徑可循，比較不會離題或忘記想說的話。你可能以爲吸引人的說話架構必須事先規畫準備，其實不必。在第五章你會發現，在發言前一刻才準備好架構也是可行的。

**試試看**

以後進入你可能會即興談話的情境時，先準備好慌亂時可以問聽眾的問題。

## 嗯……呃……這樣……就是……

在應對認知性症狀時，我們要先處理在思考說話內容時會冒出來的塡充詞。我的意思不是要完全禁止使用；畢竟電影、電視劇和舞臺劇的編劇在劇本中的對話也會放一些塡充詞，這樣對話聽起來會比較自然、正常。過度使用才是問題所在——太多冗贅的「嗯」「呃」「這樣」可能會讓你說的話聽起來一團亂，分散對話者的注意力。幸好，有個技巧可以幫你有效避免說出這類贅詞。這個技巧也跟呼吸有關。

深吸一口氣，吐氣時請說「嗯」。做得到吧？很好。現在請你在吸氣時說「嗯」。做不到，對吧？吸氣時幾乎不可能說任何話，說話是一種送氣活動，空氣只出不進。想去除字詞語句之間的塡充詞，這個小知識很關鍵。

具體做法就是：說話時，每句話、每組詞的發音要盡量清晰，這樣你在講完一個句子或一組詞的時候，氣就會完全用完。多試幾次，這一點也不難，而且你不必用長句或長詞就能做到，只要在說完句子或詞組時剛好吐完氣就行了。想像一下體操選手雙腳穩定落地的樣子。如果你用這個方式讓呼吸和說話同步，每說完一句話或一組詞正好都要換氣，這樣就會比較難說出塡充詞。

這個方法也會幫你在說話時製造一些短暫的停頓。很多人會以爲，說話時，每一分每一秒都要發出聲音，有停頓會很糗。不是這樣的！穿插一些停頓可以讓人比較容易聽懂並思考你說的話。

以下表格（表 1-1）總結了有助於克服即興談話焦慮的各種方法。

| 方法 | 具體做法 | 解說 |
|---|---|---|
| 正念練習 | 承認你的感受並與之共處。 | 有這些感受很合理、很正常。 |
| 深呼吸 | 有意識地深深吸氣，讓空氣充滿腹部。 | 深呼吸或瑜伽呼吸法可以緩解焦慮。用吸氣時間的兩倍時長吐氣。 |
| 動作放緩 | 讓手勢和肢體動作慢下來。 | 說話節奏會跟肢體動作同步，動作放慢，說話也會變冷靜。 |
| 身體降溫 | 手裡握著一瓶冰水或拿著冰冷的物品。 | 身體降溫後比較不會臉紅或流汗。 |
| 滋潤口舌 | 嚼口香糖或吃喉糖。 | 咀嚼可以刺激唾腺分泌。 |
| 自我激勵 | 默念正向意義的口訣。 | 這麼做有助於停止自我批判，讓思緒變得比較積極正向。 |
| 倒帶再前進 | 重複說過的話，然後問問題。 | 盡量避免重複太多次，但為了爭取回想時間，可以重複剛說過的話或問其他人的問題。 |
| 理性評估 | 告訴自己，如果搞砸了，最糟的後果是什麼（提示：最糟的情況也不會那麼壞）。 | 大家通常比較關注自己，不會太關注你。牢記這一點可以幫你恢復一點理性。 |
| 調整呼吸，減少贅詞 | 在句子或詞組結束時換氣。 | 「這樣」「好」之類的填充詞都會消失。 |

表 1-1　說話焦慮 ABC 的應對方法

**試試看 1**

想練習一口氣說完一句話或一組詞，我建議可以用一連串句子來練習。在每一句話的結尾，你要降下語調並剛好送完氣，才算「完美落地」。

請將這些步驟當成一種常見的日常活動。如果你在熟悉的活動一直說話，就不必一直思考講話內容，可以專注在每一句話的結尾。我喜歡一邊說話，一邊做花生醬和果醬三明治：「先拿出兩片麵包。」「接著，在其中一片麵包塗上花生醬，別抹太多。」「然後，在另一片也塗上果醬，別抹太多。」「現在，把兩片麵包放在一起。」「有果醬的那一面應該要對著有花生醬的那一面。」「把三明治切一半，開始享用。」當你說到劃線的字時，要留意語調，確保自己在這裡用完氣。如果想進一步練習，可以試著利用說話練習相關的AI軟體，像是Poised.com、Orai、LikeSo等等，你會得到關於使用填充詞的寶貴回饋。

**試試看 2**

做一個即興談話工具箱，加入所有可以幫你管理焦慮的工具。例如，一瓶冰水、一盒喉糖、一張寫著肯定自我口訣的提示卡。從前面提到的內容當中，你還想到可以放什麼？把這個工具箱列成清單，放在手機、皮夾或包包裡，參加任何活動前，只要你覺得有可能需要即興談話，就可以事先準備。

## 讓自己振奮起來

想要成功處理焦慮症狀，我們還得讓應對措施的效果持久一點。花幾分鐘想一想前面提過的方法。你覺得哪一種方法看起來最有趣、最自然或最有幫助？你試過哪些方法？你在其他生活場景（例如打球或調情時）是否用過其他克服焦慮的方法？這些方法能幫你應付說話焦慮嗎？

檢視過所有可用方法後，把你最喜歡的方法收集起來，做成你專屬的焦慮管理方案。有了焦慮管理方案，幫你增強控制感和專注力，要說話時就能振奮起來。你可以針對最困擾的焦慮症狀挑三到五個有效的方法（後面的章節也會提到應對其他焦慮來源的方法，你可以將這些方法融合在一起），然後編成口訣幫自己記憶。以下有兩個例子：

### ◆現動氧口

**現**下最重要：專心面對當下的事情，而不是擔憂未來可能發生的悲慘後果。

**動**作要觀察：放緩動作來調整語速。

**氧**氣要增加：吐氣速度比吸氣慢一倍。

**口**訣要複誦：重複默念讓自己鎮定、專注的語句。

### ◆焦理身

**焦**慮很正常：知道自己不是唯一緊張的人。

**理**性是好物：提醒自己，就算完全搞砸了，世界也不會毀滅。

**身**體透心涼：手裡拿冰冷的東西，避免身體升溫。

我都會讓學生或諮詢客戶做出自己專屬的焦慮管理方案。他們都很感謝這一點，常常在好幾年後寫信說他們還在用這些方法。這些經驗可證實，找到並應用適合的焦慮管理方案能大舉提升信心，讓他們得以從容應付重要的即興談話場合。長期持續的微小改變確實能造成很大的差異。

史蒂芬妮是我合作過的客戶，她在將近三十歲時接任家族企業的執行長，底下有七十五名來自不同背景的員工等著她去認識、了解，同時她必須扮演一名具有權威性的角色。新冠疫情期間，公司營運受到了影響，她的任務更加艱難，因爲員工（有的比她年長幾十歲）都很惶恐，希望她能引領大家度過難關。爲了維持公司營運，她做了一些引起爭議的決策，員工也會纏著她問接下來會發生什麼事。

這些日常溝通讓史蒂芬妮備感壓力，有一部分原因是她並非英語母語者，說話時很容易緊張，姿態比較嚴肅僵硬，也很常因爲緊張說錯話。這讓她焦躁到晚上睡不著覺，工作時也無法集中精神，甚至考慮辭任執行長一職。

我們一起想出一套焦慮管理方案，讓史蒂芬妮不再那麼擔心未來發生的事。後來她繼續研究適合自己的方法，將這套焦慮管理方案優化到極致。到了二〇二二年春天，我再次與她連絡時，她的焦慮管理方案已經進化到只剩三組對她最有意義的詞：感性、溝通、理性。

「感性」代表她說話的理由，她發現，如果提醒自己說話的目的是服務對話者，並關注他們的需求，而不是自己的需求，就比較不會焦慮；「溝通」讓她專注於跟對話者產生連結。她知道自己一緊張就會加快語速、吃螺絲，因此特意留心放慢動作，問一些問題強迫自己稍做暫停；「理性」則是用來提醒腦筋打結且毀掉一切的實際可能性，遠低於她的擔憂程度。

史蒂芬妮仍然有焦慮的問題，但由於她持續努力改善自己的焦慮管理方案，再加上本章教過的方法，她已經比較能管控焦慮的問題，也因此可以更有效地領導團隊、更喜歡工作。事實上，她現在也在幫忙訓練其他人提升溝通的自信。

焦慮管理方案不會立即見效，但透過一次次的實驗，每個方法都可以逐步成爲更好的具體做法。訂出自己的焦慮管理方案後，請在生活情境中測試。參加下一場工作會議或晚宴前，好好演練你的焦慮管理方案，然後在實際應用時觀察這個方法是否有效；如果沒有，換個方法試試（別忘了更新你的記憶口訣）。

解決說話焦慮沒有又快又簡單的特效藥。我們只能用漸進的方式來學習管控這種感覺，免得在溝通時受到太大的影響。

## 發現真正的你

可以自在地邊思考邊說話這件事，在正式演講和簡報中很重要；當你被點名即興發言時，也是如此。在下一個章節，我們會說到焦慮管理會如何解放你的內在，讓你在被迫發言時表現得更自然、更眞誠。你會變得更大膽、更放鬆、更風趣、更能隨機應變，也更能聆聽對話者的需求，並適切回應，你將發現更多說話的樂趣。這一切都將讓你成爲更有魅力的說話者，前提是你可以好好說話不嚇歪。

當那位執行長問我，如果我是洋蔥，剝掉最外面三層會發現什麼，我的戰或逃機制啟動，可是我並沒有驚慌失措。相反的，我使用了焦慮管理方案的部分工具——深呼吸，然後複誦口訣：「我可以提供有價值的事物。」很快的，我就平復下來，將自己解放到可以即興說話的狀態。

我將注意力放回洋蔥本身，從中找到回答的靈感。「洋蔥讓我流淚。」我說：「無論何時切洋蔥，我的眼淚都會掉下來，我不知道爲什麼會這樣，可能是我的問題——我很容易哭。事實上，我也很喜歡身邊都是會哭、會表達感受的人。」

接著我繼續提到，在先前的工作，我會雇用具有熱忱且樂意表達感情的人。他們直率、活潑的作風帶動了團隊的向心力，雖然大家有時會意見不合，但我們都能理解自己和同事的立場，也很尊重同事的觀點。跟執行長聊到這個例子後，我們又進一步討論了同理心、信任和心理安全感，爲什麼我覺得這些事很重要，還有我希望怎麼在應徵的職位上運用這些特質。

認眞地討論洋蔥，然後看看能怎樣借題發揮，在那時是個很重要的決定，如果我當時只知道緊張，就不會有勇氣和清楚的腦袋這麼做。我回答時，注意到執行長在微笑——顯然沒料到會得到這種回答。許多應徵者可能會說：「如果你剝開洋蔥，會發現我很勤奮。」或「你會發現我是誠實的人。」但跟我聊的時候，他得到的答案不但有創意、獨特又動人，還展現了我與眾不同的特質。後來我得到了那份工作，在那家公司度過一段收穫滿滿的時光。那時我還不知道，這份工作將是我的職涯轉捩點。

當然那時公司決定雇用我肯定是基於許多因素考量，然而順利回答執行長的問題應該是其中一個加分項。你也可以在這類場合發光發熱，最重要的第一步就是管控你的焦慮，避免焦慮控制你。

**小練習**

一、做出自己專屬的焦慮管理方案，在下一個即興談話場合應用，並於事後回想使用的情況，哪些方法有效、哪些無效？如果下次想表現得更好，什麼地方需要修改？

二、下次當你經歷強烈的正面或負面感受，花一點時間承認並接納它們。感覺怎麼樣？想一想為什麼會有這些感受。跟你現在所處的環境有關嗎？如果其他人說自己也有類似的感受，你可以幫他們了解為什麼有這些感覺很正常、很合理嗎？

三、給自己一個小挑戰，連續七天、每天都做五分鐘深呼吸。你可以找一個安靜的地方，專注地呼吸，吐氣的時間要比吸氣長一倍。留意每天做完的感覺。

# 第二章　讓平庸更平庸——解放

即興談話時，講得差不多好就很棒了。

焦慮是一個沉重的話題，所以，現在來放鬆一下，玩「叫錯名字」的遊戲。沒聽過嗎？你會喜歡的。

我的朋友亞當．托賓同時也是我的即興表演老師，他在我們共同教授的即興說話課示範這個遊戲，我第一次玩就愛上了。規則很簡單。如果你正坐在書桌旁或舒服的椅子上，請先站起來在房間裡走動，怎麼走都可以：可以每隔一段時間換個方向，或到戶外呼吸新鮮空氣也很好。

走動時，請隨意指一樣東西，說出名稱，但你要說的是「錯誤的」名稱。如果指到一個盆栽，你可以說「馬」「粉紅色」「隨便」「起司漢堡」或「老天鵝」——除了「盆栽」不能說，其他什麼都可以。弄懂規則後，你可以指另一樣東西，大聲說出錯的名稱，想到什麼說什麼，就算是你幫盆栽取的暱稱也沒關係。

接著繼續用錯的名字指稱你看到的物品，腦中想到的任何字詞都可以，動作越快越好。大約十五、二十秒後，就可以停了。

還順利嗎？是否覺得一直喊錯名字很容易？這個遊戲看起來很簡單，但大部分人都會覺得頗具挑戰性。

很多學生和演講聽眾在玩這個遊戲時，他們會在房間裡很小心、很緩慢地移動，指著東西卻不開口。他們的表情嚴肅，彷彿在思考一題多項式運算的解法，同時也避免跟我或其他人有眼神接觸。後來他們表示這個遊戲不太容易玩：「我覺得自己很笨。」有人說：「我不擅長這種事。」甚至還有人說：「你很壞，居然故意要我做這種傻事。」

根據心理學家研究，相較於意外出現的外在刺激，大腦接收處理熟悉的外在刺激會比較快。舉例來說，如果你讓人指認顏色（紫色、藍色、橘色），並用同色的墨水寫名稱，指認起來會很容易。如果你看到以橘色墨水寫的「紫色」，大腦就會想再確認，拉長讀字指認的時間。這個在「史楚普實驗」（Stroop Test）發現的現象，也出現在「叫錯名字」遊戲當中。

我敢發誓，要學生或是讀者你玩「叫錯名字」，絕非出於惡意。試著刻意做錯事，正好可以練習成為即興溝通高手的重要技巧：**讓平庸更平庸。**

一般都認為平庸很糟糕，沒有人想要變得更平庸。可是在即興溝通的過程中，這正是你應該做的，而且你會很高興地發現一件弔詭的事：容許自己變得多平庸，你說話時就會變得多迷人。

在處理日常事務時，我們通常會很努力把事情做好。可是在即興溝通時，沒有「絕對」「正確」或「最好」的方式，只有做得更好或更差。「把事情做對」的企圖反而會妨礙我們，讓我們綁手綁腳、頭腦過載，無法好好回應跟我們對話的人，在當下完整展現個人特質。

想要在受到矚目時有最佳的表現狀態，不能老是堅持完美演出，而是要變得犯了錯也能泰然自若，所以我們要追求平庸。在這個章節，我想讓你知道，接受不完美演出是所有即興溝通成功的關鍵。現在我們先來好好看看，追求優異的渴望會怎麼消磨溝通能力。

## 我們為了「做對事」所走的捷徑

當我們執著在即興談話時要「做對事」，有兩種心理歷程會阻礙我們。解釋第一種心理歷程前，我們先回到「叫錯名字」遊戲——請你再玩一次，同樣在十五或二十秒內不停指著物品，叫出任何腦中想到的錯誤名稱。

結束了嗎？很好。這次想想看你叫出來的名稱。雖然這個活動是要你喊出隨意想到的字詞，但你是否注意到大腦似乎在無意間採取了某種策略？你選的字詞是否都有一個固定模式？

我的學生玩這個遊戲時，他們常發現自己會叫出同一類的字詞，也就是指著物品叫出一連串水果、動物、顏色之類的名字；有的學生還說他們會回收利用其他人用過的名稱，或是用前一個指認物品的原本名稱；還有些人會用同一個概念發想幾個詞，然後用這些詞接連指認幾個物品。

亞當・托賓在講解遊戲時指出，使用這些策略很正常，當我們試圖克服挑戰時，大腦就會這樣運作。心理學家以「認知負荷理論」來解釋這些策略：我們常常只能用有限的工作記憶來處理眼前的任務，當大腦一下子被太多資訊轟炸——如同現代科技社會很常見的，工作記憶的運作就會超出負荷，造成學習困難。為了避免運作不良，大腦會迅速找出比較不費力的心理捷徑，也就是使用所謂的**「捷思法」**來幫我們解決問題或執行任務。想要「做對事」或達到完美境界，捷思法往往是我們最常用的工具。

在即興談話時，我們通常會仰賴捷思法。比如，氣極敗壞的客戶來質問我們，大腦在理解情況後，會讓我們提供標準回覆，可能像這樣：「很遺憾我們的產品未能滿足您的需求。請問您有妥善安裝嗎？」聽到朋友失去親人，我們會說：「明白你的感受，精神與你同在。」親戚傳達壞消息時，我們依慣例回答：「一切都會好起來的。」朋友或同事有不愉快的互動，來問我們的想法，我們直接回答：「好像也不能怎麼樣。」

若想在複雜情況中有效率地做決策，捷思法是必要的，因為可以減輕認知負荷。遇到一些任務時，不必想太多就可以開始做事。如果不懂得運用捷思法，連每一次轉彎都會困難重重。想像一下這樣在超市採買時會有多麻煩——得先針對每個品牌、種類的優劣分析老半天，才能決定該買哪一種義大利麵醬。但事實上我們通常會用簡單的規則來篩選，例如「我想要有機的醬料，不要太貴的」。

## 「因為」的驚人力量

然而，捷思法的效率還是會讓我們付出一些代價，主要展現在兩個面向。首先，使用捷思法時，隨機應變的能力會受到限制，讓我們難以完全活在當下。在一個知名的實驗中，心理學家艾倫．南格讓受試者向正在排隊、等著使用影印機的人，詢問是否可以插隊。這些想插隊的人會用不同方式提出請求，其中有人會用「因爲」來提供合理化解釋。南格發現，正在排隊的人聽到「因爲」的合理化解釋後，比較有可能同意讓人插隊，無論合理化解釋的理由是充分（我在趕時間。）或很爛（不好意思，我有些東西要印。我可以先用影印機嗎？因爲我要印東西）。只要有「因爲」，插隊就比較容易成功。顯然，「因爲」會讓人開啟自動行爲模式，在他們腦中打開這類心理捷徑：「如果想插我隊的人能提出理由，我會同意。」這兩個字不但合理化了小要求，原本應該注意當下、仔細聽人說話的人，也會因此變得心不在焉、不問是非。

於是，我們不會花時間慢下來觀察周遭環境的細微變化，也忽略了其中的細節或不算細節的部分。如果你在超市找義大利麵醬，只看價錢和是否有機，你可能就不會注意到其他的細微差異（像是濃稠度或含伏特加配方）或其中是否含有你不想要的成分，例如添加糖。結果你可能會在做決定之後才發現事情不妙。

在人際互動中使用捷思法時，我們會很容易錯失一些微妙的變化，包括反映對話者需求的信號。比如，同事突然到你的辦公室，出其不意地問你：「剛剛一起參加的會議如何？」你的「回饋會議」捷思法在這時發揮作用，讓你立刻開始回答要怎麼追蹤會議成效、調整計畫，還有怎麼應對剛剛討論過的內容。但同事可能是想要聽到別的東西——像是肯定他的領導能力、想跟你討拍，或是希望你表現友愛。當你固執地想：「我要好好說一下對於那場會議的想法。」你可能就失去一個建立更深刻連結的機會。

我們要脫離既有的行爲模式和習慣，才能進行有效的即興溝通。與其用捷思法迅速回應眼前的情況，倒不如花時間評估我們置身的情境，提問以獲取進一步資訊。如果不用捷思法回應前一段的例子，你或許可以反問同事：「你想聊聊會議的部分細節，還是想聽我說整體的想法？」或者，你可以在分享自己的想法前反問他對會議有什麼想法。這類問題也能幫我們獲取有用的資訊，從而做出更恰當的回應。

## 好了，這才是吃義大利麵的正確方式

使用捷思法的第二個問題是：會限制創造力。由於大腦經常依規律行事，我們一般也會傾向用常見、合理的方式回答問題，比較不會即時產生更有創意、更古怪或更「腦洞大開」的回應。我最喜歡的例子之一來自我的同事婷娜．希莉格，她多年前在史丹佛教設計系學生時，將一班學生分成好幾組，要每一組盡其所能想出最有創意的商業計畫：以五美元爲成本，在兩個小時內盡可能地賺錢（當然，不可以違法）。之後每一組要用三分鐘向全班介紹他們的賺錢點子，賺最多錢的團隊獲勝。

大多數組別想的賺錢點子都很好，但沒有特別令人印象深刻。有一組賺了不少錢，他們想到的是預先在受歡迎的餐廳訂位，然後將這些訂位賣給飢餓的食客（那時還沒有現行的線上訂位系統）。另一組賺了約兩百美元，他們在史丹佛校園設了一個攤位幫學生量車子的胎壓，然後爲輪胎打氣，起初他們會收取打氣的費用，但很快就發現，讓接受服務的學生自由捐款會賺更多。

有一組採取非常不同的策略。他們認爲身上最能賺錢的資源不是爲廣大顧客提供服務的特定能力，而是一群在特定時間內不會離開的觀眾，因爲這群觀眾（也就是他們的同學）對於求才若渴的公司有吸引力，於是他們把三分鐘簡報時間賣給一家設計公司做爲徵才廣告時間，最後賺六百五十美元，占所有組別之冠。

大多數的組別都遵循了捷思法：「如果要賺錢，就要想出吸引顧客的服務。」但一套入這個思考框架，他們所能產生的點子就會受到限制。勝利組別並未使用捷思法，而是敞開心胸問自己其他問題：「我有什麼資源是最有價值的？銷售這個資源的最佳方法是什麼？」

仰賴捷思法可能可以讓我們在突然受到矚目時迅速回應，可是如此一來，就無法看到其他可行路徑，爲對話者帶來更多驚喜，或是產生更深刻的交流。只有擱置或脫離思路的慣常模式，交流才會發生。

從前，我曾有機會在高中教兩年英文。如果你想要訓練隨時隨地對答如流的能力，那是個絕佳環境，因爲每天都會出現意料之外的新溝通挑戰，就連我也必須時刻保持警覺。

在我教的其中一班，有位超級聰明的孩子不知爲何老是想打斷上課，他的做法是：在課堂討論時，毫無預警地大聲說出意義不明的話。比如我在教《大亨小傳》時，教室後方會出現諸如此類的大叫「我的衣服髒了」或是「鴿子嚇到我了」。其他學生會覺得這些奇怪的天外飛來一筆很好笑，但我不覺得。我知道這個男生想要吸引大家的注意力，所以通常不予理會。可是有一天我卻忍不住了。

那天上課前我在教室吃午餐，剛好在桌上留了一小包帕馬森起司，上課上到一半時，這個男生突然喊：「我愛義大利麵。」全班都笑了。我非常想讓這傢伙閉嘴好好上課，看到桌上的起司，我靈機一動說：「嘿，接著！」然後把起司丟給他，「好了，這才是吃義大利麵的正確方式！」

這只是信手拈來的即興溝通，但有神奇的效果。每個人都覺得我的回應太好笑了。然後課堂恢復正常，那個男生沒再講話。在那之前，我都依照以往的教學捷思法應對：無視特殊行爲，繼續上課，或停下來把搗亂課堂的人罵一頓，威脅如果之後再犯，會讓他付出代價。可是這一次，我用完全不同的方式應對，出其不意地展現了我的人格特質和幽默感。學生喜歡這個做法，也會用不同的眼光看待我，因爲我沒有老師的架子，他們能理解我，也可以更眞心地與我交流。

## 打破你的捷思法

想提升溝通技能，不必完全放棄使用捷思法。但我們應該要覺察慣常使用的心理捷徑，學著在某些時候刻意不用或完全不用，這樣就能變得更懂得隨機應變。也就是說，我們要增強在溝通時有意識做選擇的能力，不這麼做的話，可能就會一直做出未經深思的回應。

首先，在一般使用捷思法的情境，可以**學著保持警覺**。我們通常會在觸發壓力的情境下使用捷思法。比如，要做決定了，才發現有太多選擇要考慮的時候；在疲勞、飢餓或任何感覺艱難的時刻；在充滿不確定性或處境不上不下的時候。爲了避免使用捷思法，可以先讓自己不受壓力影響。一感到壓力的存在，就先好好安撫自己、慢下來或理性評估（請見第一章）。減少焦慮感後，就能以更開放、更體貼的心態跟人交流。

我們還可以**觀察別人怎麼用捷思法，試著避免同樣的使用方式。**舉例來說，身爲父母，我們會發現其他父母看到孩子吵著要這個、要那個時，總會忍不住提高音量；當自家孩子來煩我們的時候，就可以有意識地調整自己的行爲，放慢動作、降低音量，聆聽孩子的要求。

我們也可以花一些時間來省思自己的行爲。例如，帶領團隊時，常會爲了能更有效率地解決問題而溝通，那麼我們可以建立一個習慣，每天回想處理問題的過程：我是否反射性地採用固定模式回應？有哪些特定因素會讓我這樣回應？這些回應方式有很大的助益嗎？在類似的情況中，可以做什麼來避免使用捷思法？

最後一個管控心理捷徑的方法，是**徹底改變思考或行爲模式。**慣用右手的運動員爲了讓自己保持靈活，也會用左手練習，或是改用比較重的球訓練。這麼做可以消除長期累積的習慣，重新學習打球。我認識的一位作家會刻意更換寫作地點，讓自己從習慣的思考模式解放出來。他通常會在書房寫作，有時則會特地換到醫院候診間、旅館大廳、機場、葬儀社、沒人的電影院，或是法院旁聽席。他告訴我，在新的地點寫作可以幫他脫離舊思維，找到一些新靈感。

其他創意工作者也同樣積極地想讓直覺偏見失靈。知名設計公司ＩＤＥＯ在發想新設計時，會去看似無關的領域找靈感，觀察類似的條件或概念怎麼應用。有一次，他們受託重新設計某家醫院的急診室，讓急救流程可以更有效率。一般設計公司的做法通常是去研究堪稱業界典範的醫院急診室，借用其中的設計理念。可是，這麼做反而會讓IDEO的設計師受限於直覺偏見，想像出一般常見的急診室。

IDEO轉而去研究其他高強度活動的職場怎樣運作最有效率。他們調查的其中一個例子，是一級方程式賽車維修站的工作方式。IDEO認爲，維修人員與急診室醫護有相似之處：都要在高度緊急的情境中迅速、有效率地判斷與解決問題。避開了一般醫院設計使用的捷思法後，從賽車維修站得到的靈感幫IDEO找到設計急診室的新見解。

有一個新設計點子是這麼來的：維修人員通常會先設想賽事中最常進站處理的問題，然後將處理同一種問題所需的零件和工具打包放在一起，車子進站時，就可以立刻行動，不必到處找零件和工具。IDEO將類似工具包的概念應用到急診室中，最常見的用藥過量和心肌梗塞等情況就可以迅速處理。有了這項創新，急診室就可以更有效率地診治患者。可見跳脫捷思法確實能讓世界有所不同。

我們都可以從脫離心理捷徑的過程中獲益，因爲如此一來，我們在說話時會更有餘裕細心觀察、回應當下、發揮創意。

**試試看**

請進行「打破捷思法」的七日挑戰。

首先，回顧一下你在溝通時常用哪些捷思法。也許你的電子郵件常常這樣開頭：「希望你最近一切都還順利。」或是有人提出問題時，你總會先說：「問得好。」一週內的每一天都要找一件你想打破慣例的事。在某一天，可以找出讓你備感壓力的情境，做一些管控焦慮的活動。也可以空出兩到三分鐘來反省行為，或者你也可以在溝通時，加入一些有趣的元素，讓自己變得跟往常不同。

## 玩對「叫錯名字」遊戲

當我們一直想著在即興談話時「做對事」，妨礙我們的不只是捷思法。不過在談第二種阻礙前，我們得再談談「叫錯名字」遊戲。我問玩過的人覺得遊戲如何，他們不外乎批評自己「我輸了」「我不夠有創意」「我做得比某某還差」，最驚人的是，有人還會說：「我錯得不夠離譜。」如果我請他們進一步說明，可能會得到這類回答：「我叫這張椅子『貓』，可是椅子跟貓都有四隻腳，貓會坐在椅子上，我應該要更錯才對，像是用『墨西哥捲餅』或是『加拉巴哥群島』這種完全不像椅子的詞。」

我們來想一想這個回答。這個遊戲的規則只有大聲叫出錯誤的名稱而已，我完全沒說該怎麼定義「錯的名稱」，也沒有訂定任何標準判定錯的等級。而且參與者不必互相競爭，或互相比較說出來的東西。可是想要把遊戲「玩對」的人還是會評判自己做得有多錯。

很多時候，自我評價對我們很有幫助，畢竟知道要怎麼努力做到最好是人生中很重要的事。如果不懂得評判自己的言行，在職場上可能會被開除，人際關係也會出問題。可是在某些情況下，尤其是那些需要隨機應變的突發狀況，密切注意、評判自己的表現，反而會降低精采發揮的可能性，因爲這麼做會超出認知負荷。當我們心神不定，自然地也就無法如期望那樣有創意、有自信、反應敏捷，有時甚至會因此無法行動。

我教過一名學生，他玩「叫錯名字」遊戲時，一直站在同一個地方指著同一樣東西，無論怎麼試都說不出一個錯的名稱。我問他怎麼了，他說他想不到一個「對的錯誤名稱」。他有一份內建的遊戲規則列表，把所有想到的錯誤名稱仔細評估比對一番後，沒有半個符合他設立的神祕標準。

不難理解爲什麼我們這麼容易評判自己，有時用的幾乎是完美主義的標準，畢竟，我們大多數人從小到大都浸淫在重視成就表現的文化當中。父母、老師、指導教授、老闆、教練……無不強調要用對的方法做事情，做得正確才算好。有了正確表現就會得到獎賞：稱讚、獎盃、金錢、厲害的頭銜；搞砸了就會得到懲罰，像是負評、爛成績、被人看輕的感覺。失敗令人沮喪，做對事則讓人感覺良好。這也難怪我們會持續監督、批評自己做的事，即使有時根本沒必要。

我們動不動就評判自己的另一個原因是，這樣可以讓我們心安、覺得有所掌控。人生中有許多充滿不確定性的突發狀況，我們很容易因此感到脆弱、孤立無援。這時，專注地，或者說執著地讓自己表現完美可以給我們一些控制感。以往在重大會議前，我常會想要一字不差地說出想說的話。現在意識到自己這麼做的原因是，即使知道事態發展可能出乎意料，我還是想要有掌握命運的感覺。

當然，我們得相信自己有完成目標的能力，才能接受不完美，而這正是我希望你盡全力相信的事。我跟你保證，這麼做會讓你大有收穫。我的學生和演講聽眾受到鼓勵，暫停批評自我後，再玩一次「叫錯名字」遊戲，許多人在這一回合都有截然不同的體驗——他們的笑容更爽朗，移動的腳步更輕快，指東西的手勢更迅速；他們不再苦惱要用什麼錯誤名稱，玩得更投入、更開心。

我們不常讓自己毫無顧忌地活在當下。但我們應該要更常這麼做。

## 被嫌無趣的勇氣

我們要怎麼做才不會老是想評判自己？最重要的方法意外簡單：允許自己做該做的事，不多也不少。也就是說，**不必去管怎麼做好一件事，只要專心地依眼前的線索做事就好。**

這個方法其實是即興表演的核心概念。爲了不讓完美主義傾向妨礙自己，優秀的即興表演者會告訴自己：「差不多好就很厲害了。」，還有他們應該要有「被嫌無趣的勇氣」。他們知道，越是不怕被人嫌棄無聊，越有可能做出有趣的成果——因爲在這種情況下的對話會用上全副感官。「『搶眼』是最強大的創意心法，」即興表演專家丹・克藍這麼跟我說，「當你想要做出獨創的東西，看起來就會像其他追求獨創的人；可是如果你很搶眼，你就會是你自己，這才夠眞實、有說服力。」

娛樂業經理人史蒂夫・強斯頓在喜劇界翹楚——第二城喜劇團擔任總裁和管理合夥人近二十年，現在正協助營運無心之過表演公司（Mindless Inc.），培養學員以應用即興創作和自由即興等方法來提升心理健康。他觀察並比喻，我們說話時往往會想要傳達宏大的想法，最好能巧妙地說出醍醐灌頂的千古名句，發揮有如大教堂的影響力。可是爲一場對話提供磚頭也很重要——等待、傾聽、用邏輯串連其他人的想法等等行爲都是磚頭。我們不需要每次都講出新奇或具有開創性的話，讓對話進行下去並連結觀點就很足夠了，有時還會因此產生特別的影響力。所以，與其想著建大教堂，倒不如專心當一塊好用的磚頭。

「刻意無趣」起先聽起來很奇怪，甚至有點嚇人。當我要史丹佛大學的學生鼓起勇氣，不要害怕被嫌無趣時，他們都驚訝地看著我。從來沒有人告訴他們要這麼做。然而停止評判自己、放鬆控制正好是讓他們更能即興溝通的條件。他們已經有聰明才智，也很積極勤奮，下一步要做的，就是轉移追求完美的全副心神，好好讓自己體驗當下的交流任務。這個改變一開始會有些吃力，看起來似乎違反了我說過應該節約精力的原則，不過學生後來發現他們的溝通確實變得更順暢，並隨著練習變得更真誠。

請記住，溝通沒有絕對正確或錯誤的方式，只有更好或更差的方式。從「要說對」變成「只是在對話」，可以減少一些壓力。不會再一直想著要用最完美的方式說話，而是更關注怎麼用屬於自己的方式表達；不再超出認知負荷的對話會變得更輕鬆、更有我們的風格，因爲我們終於可以好好做當下該完成的事，不必分散精力給內在的評判者了。

### 試試看

花一分鐘回顧過去一、兩次成功的即興溝通經驗，在那些經驗中，你應該只是在做當下該做的事，沒有過度密切關注和評價自己的表現。後來你覺得怎麼樣？請提醒自己，你可以做得很好，因此接下來也要好好相信自己有「被嫌無趣的勇氣」。

## 不是犯錯，是做備而不用的方案

一旦我們不再老是關注自身表現的優劣，也就可以開始從犯錯的壓力中解放出來。

擁抱錯誤前，可以先學習調整對犯錯的認知——不是成功的相反，而是成功的路徑。史丹佛大學的行銷學教授 S．克里斯蒂安．惠勒上我的 Podcast 節目時曾說，錯誤和失敗在學習過程中是自然且必要的部分。當我們年紀還很小時，完全不會在意犯錯的問題，走路、用湯匙、綁鞋帶等簡單的任務都有可能搞砸；可是成年後，我們會盡量遠離失敗，結果也因此不再學習、成長。「我們必須知道，失敗其實是好事，」惠勒說：「因為失敗表示目前應對的情況超出能力範圍，我們還可以學習一些新技能來精進自己。」

有意識地練習接受犯錯，比較不會動不動就評判自己。每犯一點錯或想到可能犯的錯就擔憂不已，很容易讓人心累。我發現，把錯誤想像成製作影片時拍的備用畫面會比較有幫助。當劇組在拍攝一個場景時，常常會多拍幾個版本或鏡頭，比如，除了遠景以外，也會拍特寫，演員可能從坐著換成站著，說話音調也會有所調整，諸如此類。這麼做不是因爲哪一個畫面出錯，而是導演和劇組希望剪輯時可以有更多畫面選項，其中沒預想到的好畫面可能會是表現該場景的最佳方式，他們想從各種變化中，選出更有創意、更獨特或更有想像力的組合。

我們也可以把溝通情境當成尋找可行方法的機會（下一章會再詳細說明關於機會的思維轉換）。當壓力解除後，每一次互動、每一次相遇就會變成許多「畫面選項」的其中之一，讓我們探索並了解何爲更好的溝通。如此一來，犯錯非但不會摧毀我們，反而可以幫我們集中精力、加強弱點，成爲更好的溝通者。

將錯誤重新想像成「備用畫面」非常有用，而且不只可以用在溝通方面。我是熱愛武術的習武者，有一陣子遇到撞牆期（這是比喻，不是眞的撞牆），不知道該怎麼辦。那時的我已經練到一定的精熟程度，可是在那之後沒有太大的進步。後來發現，最大的問題來自於我出拳的方式。爲了揮出理想的拳，我移動身體的方式反而局限了出拳的力道，因此拳揮得好看卻勁道不足。

我解決問題的辦法就是專心做各種備用畫面。首先，摒棄了原本想像的完美形式，出拳時嘗試用不同方式移動身體，留意每一次出拳的感覺和結果。有的新做法沒有任何幫助，會弄痛不應該疼痛的地方，或是會讓出拳力道維持原樣甚至減弱，這時我就會擱置這類做法，繼續嘗試。實驗越做越多之後，我漸漸發現出拳時怎麼調整身體可以帶出更多力道。雖然這個出拳型態並不符合傳統定義的完美，但很適合我。也就是說，只要我開始把犯錯當成學習歷程的一部分，就會進步。

在職場上，我們也可以學著接納或歡迎犯錯發生，在公開慶祝失敗之後，有系統地拆解犯錯過程並加以學習。我任職過的一家軟體公司會舉辦「出包星期五」，每週五全公司會一起吃午餐，有出包經驗的人會花幾分鐘分享，團隊領導人會頒發「最佳出包獎」。這個活動的重點是以平常心看待失敗，鼓勵大家勇於冒險，從錯誤中學習，所以最佳出包獎得主通常是因爲其他人沒犯過的錯而得獎。只有當我們願意花時間從中學習，失敗經驗才能發揮價值。

### 試試看

找一個你常遇到的溝通情境，例如每週會報或是詢問近況的視訊對話，讓自己挑戰新嘗試。比如：轉換表達情感的方式、改變語速、把敘述句改成問句、讓其他人先發言、多加一點幽默元素、調整身體姿勢等等。

## 對話不是表演

無論我們是否意識到，很多人應對即興互動的方式跟正式演講場合沒什麼兩樣，都當成表演。跟第一次見面的人閒聊，或是在一小群人面前發言，都會讓我們覺得有上臺說話的感覺。有時就算跟你說話的只有一、兩個人，他們的存在仍會讓你備感壓力。我們會假設這些人正在嚴格評估我們的一舉一動、評判我們的言行是否符合某一套規則和期望。這樣的想法會升高我們感受到的壓力，逼得我們也跟著監督、評估自己，以便討好對話者。

想一想那些我們會當成表演的場合：演奏會、壘球比賽、舞臺劇……在這些場合中，每個人都盯著我們，行爲也有對錯之分——彈錯音、在內野漏接球、忘詞等行爲顯然都是出錯的表現。有的運動甚至還會記錄選手的出錯率。

如果可以把即興互動重新想像成「對話」而不是表演，感覺應該會輕鬆許多。對話比表演更隨興、更常見。我們通常不會爲對話進行排練，只會進行對話；也不會想太多犯錯的問題，只會試著維持流動性和連結。雖然有時對話會讓我們感到不舒服，有時也會覺得受到評判，但這些感覺都不如在表演情境中明顯。大多時候我們就只是放鬆地做自己。

我們可以用三個步驟重新將溝通想像成對話。首先可以「**調整語言風格**」。當我們覺得自己在臺上，或是受到矚目時，有時會用比較冰冷、正式、被動的字詞，因爲我們很緊張，想要建立令人信服的權威感。此外，我們還會後退並將手放在身前，拉開跟觀眾之間的距離。

舉例來說，假設你是醫師，面前有一群同僚，你說的話可能就會像這樣：「身爲醫師，必須幫忙解決這個具有急迫性的問題。」這種語言風格會增加你跟其他人之間的距離。但如果你說：「我們一定要解決這個問題。」聽起來不但更簡潔，也會更有說服力。用「我們」比較有包容性，整句話看起來比較直接，比較像非正式對話。當你採用這類語言風格，對話者也可能會開始這麼做，你們把這次互動當成表演的感覺就會消散，彼此的連結會變得更強，會朝解決問題的方向一起邁進，因爲你不只是單單對其他人說這是你們要解決的問題。

第二個將溝通想像成對話的方法是**「問更多問題」**。問問題，就算只是問修辭性問句，都是雙向溝通。你和周遭的人會從此進入丟接球的狀態。這樣你就不再只是孤單地「站在臺上」面對其他人，而是在對話中交流。即使你要發表聲明，也可以把這份聲明想成在回答一個沒有說出口的問題，這樣就可以讓發表聲明的場合變得更有對話的感覺，減少你受到的壓力。

準備正式演講時，想像自己在回答問題也有助於緩解壓力。我認識一位諾貝爾獎得主，他認爲自己的公開演講並不差，但希望可以改善一板一眼的感覺。於是他開始以回答關鍵研究問題的方式來準備講稿，並將這些問題當成每一張投影片的大標，演講時，大標上的問題可以提示演講內容，他只要好好地向觀眾闡述答案即可。這個做法讓他的簡報更能深入觀眾內心，更具交流的效果，他也覺得更能放鬆。從此，再也不必擔心要怎麼優雅或完美地向觀眾傳達思想內容。可以更隨興地說話，想著觀眾可能會有什麼問題，然後回答。

最後，我們必須**「留意背誦陷阱」**。這是很多人都有過的經驗：在工作面試或其他有需要即興談話的場合，我們常會事先準備好一些談話重點或是必說金句，這樣到時就知道要說什麼。

先寫下想說的話當然有用，可是背起來卻有可能害了我們。在即興談話前過度排練，會注入上臺簡報的正式感；在對話時還要努力回想事先準備的神妙金句，也會讓我們更緊張。最後反而會太過關注說出口的每句話，把任何一點脫稿演出都當成失誤。同時，由於大多心力都集中在回想事先準備的內容，幾乎滿載的認知容量讓我們難以分神去傾聽、善意回應其他人，以至於無法自然地跟周遭的人互動。這時的我們只活在自己的腦袋裡，而不是當下所處的社交世界。

與其背下所有想講的內容，不如先寫下想講的話，然後轉換成條列式的簡短大綱。在這過程中你可以仔細思考內容，也可以做出一個比較容易記得的架構。有了架構之後，你在說話時就可以更有自信地填補內容（第五章有更多關於架構的內容）。

| 建議 | 說明 | 效果 |
|---|---|---|
| 警覺使用捷思法 | 我們通常會在壓力源遭到觸發時使用。飢餓時、疲勞時或惱怒時就要開始留意。 | 當你能多花一些時間思考，就會更容易有獨創想法，也較能與人連結。 |
| 被嫌無趣的勇氣 | 不要老是想著要「做對」事情，學學耐吉的廣告詞：「做就對了。」 | 當你不再監督、評判自己的表現，也不再想著要完美執行任何事，你會更有創意、更自由。 |
| 接受錯誤 | 把失敗當成前往成功的必經景點。 | 互動效果不如預期時，你不再是失敗的溝通者，而是多拍一個備用畫面的電影明星。 |
| 好好交談 | 請記住，其他人並不會像你想的那樣仔細檢視你的言行，他們其實沒那麼在意。 | 即使面對有一定重要性的人，將互動視為對話，而不是表演，能讓互動更流暢。 |
| 用生活化的語言 | 要讓互動更像對話而非表演，可以將語言風格調整得更生活化。 | 當你軟化拘謹的姿態，感覺會更和藹可親。 |
| 對話不是獨白 | 互動時，你不是「講臺上的智者」，所以請好好交流、問問題吧。 | 將生活和溝通視為雙向車道會更有趣，兩者也會運作得更順暢。 |
| 沒有準備好最好 | 請抗拒背誦一切的誘惑，給自己一些說話重點的提示即可。 | 這樣你就不必花太多心力回想準備內容，說話時感覺也不會太正式。 |

表 2-1　即興對話的建議

## 喚醒你的即興魂

安東尼・韋尼齊亞勒是即興溝通大師。二〇〇〇年代初期，他與演員林－曼努爾・米蘭達共同創辦了即興饒舌愛至上會社，這個即興喜劇團體後來得了東尼獎。韋尼齊亞勒也共同創辦了訓練溝通的無心之過表演公司，以及即興饒舌愛至上學院，一個鼓勵用即興表演和饒舌爲多元族群創作發聲的組織。如果要舉例誰能隨時隨地對答如流，韋尼齊亞勒絕對是其中佼佼者（如果對這句話有疑慮，請去看他在二〇一九年的即興ＴＥＤ演講，現場搭配的都是他沒看過的投影片）。對他而言，即興談話不僅僅是有趣的嗜好或是職業，還是一種生活方式。

沒人能想像韋尼齊亞勒受到關注時緊張說話的樣子，然而他確實曾覺得即興談話很困難，並爲此苦惱。他小時候有嚴重的言語障礙，無法準確發出Ｒ和Ｗ的音，四個哥哥曾爲此殘酷地嘲弄他，讓他變得羞怯，不敢任意表達自己。那個時期的他總是盡量保持沉默，總會擔心一旦開口，話說得不好會受到排擠。

跟語言治療師合作後，韋尼齊亞勒開始接受語言治療師給他的挑戰，比如在上課時搶先回答問題、買東西時跟店員交談等等，完成挑戰後，他會得到一些小點心或公仔，漸漸的，他克服了言語障礙。經過這種「低風險暴露療法」訓練，韋尼齊亞勒上中學後，對說話的信心大增，甚至還去參加校園戲劇選角。「那時我想，這個我做得到。因爲我講『果肉』的時候已經不會變成『狗漏』了。小時候講話時，會覺得嘴巴像是塞滿彈珠，現在不會了。」他開始覺得開口講話很自在、很好玩，上大學後還加入了即興喜劇團。由此可知，一點一點增加即興談話的頻率和時間，最終也會有深遠的影響。

我們得承認，有些人可能會比其他人更害怕失敗。如果我們屬於一般定義的少數族群，可能會有受到忽視的感受，發言時可能也會有代表整個族群對外發言的壓力。這麼高的發言風險使得失敗的後果看起來更駭人。此外，成長過程和過往經歷也可能在我們身上堆疊加乘，讓我們受到冒牌者症候群折磨，總擔心自己名不副實，無法滿足其他人的期望。

讓我明白地跟你說：你名副其實，而且你的貢獻很有價值。

無心之過表演公司的業務副部長維費克・凡努戈帕爾曾建議，無論在正式演講或即興溝通，我們要思考的是能在這些溝通場合展現什麼獨特的觀點。他鼓勵我們做自己，並好好記得：「你之所以受邀、四處旅行演講，之所以受邀在這場婚禮上致詞，之所以進行這場一對一談話，不是因爲你的頭銜。帶你來這裡的，是你所有生命經驗的總和。好好接納這些經驗，把生命注入你的話語吧！」

我堅定地相信所有人都能成爲很好的即興談話者，只要我們不再妨礙自己。所以，別再束縛自己的人格特質了，別再用拘謹正式的語言遮掩意見和想法了，我們要好好解放內在，跟我們的即興魂重新連結。如我的即興表演專家朋友說的，日常生活就是即興，沒有人能完全照寫好的腳本或計畫過日子（好吧，可能有些政治人物確實會按表操課，但一般人不是這樣）。我們知道要怎麼即興，而首要之務是管理我們的焦慮，在社交互動中多練習。

**小練習**

一、下次開會時，觀察自己通常怎麼回應問題。你會使用哪些心理捷徑？例如，同事提出建議時，你通常會說「好主意」來討好他們嗎？當你表達想法後，聽到觀眾提出問題，你都會先說「問得好」來為自己爭取時間嗎？找出三種自己常用的心理捷徑，思考其他感覺更即興的回應方式，在往後的會議中嘗試新的替代方案。

二、跟某人進行即興交談後，花幾分鐘回顧你在這個過程中進行了哪些自我評判。對自己的嚴格程度是否超出預期？你的自我評判是否有固定模式？你在交談時的自我評判是否促進了溝通，還是讓溝通更難進行？

三、想一想你經歷過的溝通失敗，還有這些經驗對你有什麼影響。這些可能很痛苦的經驗是否也讓你學到重要的事？你學到了什麼？

# 第三章　注意你的思維模式——翻轉

你可以在受到矚目、被迫回應時拿回主控權，重點在於你怎麼看待那個時刻。

大多數的人都不喜歡在陌生的地方迷路，覺得這樣很不方便，時間都浪費掉了，還可能威脅到人身安全。於是他們打開導航，跟著指示走。有了電腦系統指引方向，他們不再害怕迷失方向、進入謎樣的所在。但他們也因此不再留意途中經過的地方，心裡只想著目的地，不在乎旅程。

我的朋友丹・克藍是即興表演專家，也在史丹佛大學擔任教職，他對迷路有不同看法。他去散步或慢跑時，總會試著讓自己迷路。他曾在我的 Podcast 節目中表示，不會去可能讓自己受傷或惹出麻煩的地方，只是會稍微迷路，發現新事物或有意思的東西。

克藍在舊金山灣區住家附近慢跑時，會小小冒險一下。他才剛搬過去那一帶，已經漸漸習慣沿著單車專用道跑步，轉眼間他決定在某個十字路口右轉，看看會有什麼新發現。還沒跑完半個街廓，就發現一條步道入口，恰恰就在市中心。他之前經過這個地方時，完全沒注意到。步道通往一座市區小公園，很快地，他便置身於本地原生植物形成的隱密綠洲：「那一瞬間我很感動，」他說：「不只是因爲原生花卉帶來美好的視覺饗宴，嗅覺方面也很滿足——那裡根本就是加州風格氣味大集合。」

他在小公園逗留了一下，感受環境的氛圍，欣賞自然之美。如果沒有脫離常規、嘗試冒險，他根本就不會有這麼難忘又充實的體驗。從那天起，他運動前通常都會到小公園暖身，深吸一口氣，讓植物的味道進入體內，「然後我就準備好開始了。」

如果我們可以暫時擱置日常的期望和目標，帶著開放的心胸和好奇心去探索世界，可能會有意想不到的收穫。這個道理適用於迷路，也適用於即興談話。我們可以改變思維模式，訓練自己不再把即興互動視為威脅，而是當成學習、合作、成長的機會。這樣的改變不但可以看到更好的溝通結果，也可以讓我們眞正學會享受旅程。

即興溝通帶來的心理壓力，本質上像是一種威脅，在這嚴酷的考驗中，我們往往需要防禦、攻擊、保護自己。由於大部分心力都集中於保衛自己的想法，如何有創意且有熱忱地溝通，我們反而沒那麼關心，這會讓我們釋放出不利於溝通的情緒或肢體訊號。當我們的想法傾向於防衛自己，而非包容他人，身體會採取防衛性姿態：有時會直接後退或躲在椅子後面，不再認眞看對方並將雙手環抱於胸前，或露出無精打采的表情。同時我們的呼吸會變得急促，聲帶發緊、聲音拔尖；說話的語氣可能會聽起來很短促、粗暴、不耐煩，甚至嚴厲傳達出的訊息則會變得生硬、尖銳、充滿距離感，甚至帶有偏見。

當我們不再把即興溝通視為威脅，而是當成機會，就能放鬆心情，好好展現個人特質，甚至享受其中的樂趣。新奇多樣的可能性可以拓展我們關注的事物。我們會覺得身體更有存在感、更能接受新事物、更容易接近其他人，這會使我們散發和藹可親的氣場。我們的語氣會更有自信、更專業、更審愼；同時我們說的話也會有更多細節、更有同理心、更具包容性，並且更令人愉快。

以上所有改變都會形成良性循環——放鬆地享受交流，周遭人受到影響後也會這麼做，然後由開放的心胸和好奇心推進的正向互動，會激勵我們做更多交流。

當然，我們也必須承認，不同場合的對話風險是有差異的。在工作面試、商業提案競標、學術辯論等場合，很容易會遇到找碴的人——是的，我有經驗。在這個耐性稀缺的時代，抱持懷疑或敵意的對話者很常見，線上活動尤其如此。然而良好的溝通技能也因此更有用處；此外，我們還可以翻轉自己對這些「威脅」的既定印象，得到意外的收穫。

很多人都怕遇到酸民或鬧事者，擔心他們會讓我們分心，打亂我們的節奏，或指出論述上的邏輯缺陷，讓我們出醜。喜劇演員兼網紅崔佛．華勒斯卻總能享受酸民鬧事的混亂時刻。他解釋說，這些時刻有著無可取代的獨特魔力。他不會想要立刻放下紛爭、回歸常軌，有時甚至還會沉浸其中，問鬧事者一些問題，看看他們怎麼回應，結果常常得到出乎意料好笑的故事。這些經驗帶給華勒斯許多驚喜，將這些故事記錄下來並發布到社群媒體後，還為他斬獲了不少新粉絲。

平時遇到混亂的突發狀況時，我們大可不必急著避開衝突，正面交手可能會有始料未及的好處。在大多數的場合中，至少要讓自己可以接受不同可能性和機會；即使有人惡意打斷發言，我們還是可以盡量真誠地跟這些人好好交流。這一切完全取決於我們怎麼想。

艾莉亞．克拉姆是史丹佛大學心理學家兼心智與身體實驗室主任，她上我的 Podcast 節目時，曾定義思維模式就是：「當現實影響我們的期望、理解、決策時，我們看待現實的方式。」以這個定義爲基礎，我鼓勵學生和客戶進行「關鍵思維的四個翻轉」，改變思考和做事方法，採取更有利於面對各種可能性的開放態度，讓即興談話變得更容易。其中有些翻轉比較常見，有的則否。以下我將一一探討，並介紹一些方法讓你知道，如何將有益的思維模式變成人生的重要配備。

## 思維翻轉一：從固定型到成長型

心理學家卡蘿·德威克將我們怎麼看待個人特質及潛力的方式區分成兩種，也就是廣爲人知的「固定型思維」和「成長型思維」。固定型思維認爲我們的才智和能力基本上無法改變，不是有才能，就是沒才能；成長型思維則認爲才智和能力具有流動性，也就是說，技能可以習得、表現可以精進、思想可以改變。

如果擁護固定型思維，我們會花時間證明自己的才智，避免困難的情況發生；既不會有加強能力的熱忱，也不想接受任何有助於改善能力的評論，還會覺得別人的成功具有威脅性。相反的，採用成長型思維會點燃學習和成長的動力。我們會樂於接受挑戰，從中學習，也會廣納評論，相信勤奮和毅力可以帶來進步，別人的成功不再是威脅，而是具有啟發性的學習典範。

德威克的論述讓大家知道，將自己當成會持續變化發展的人有許多好處。這麼做的人會比固著於既有定位的人還容易成功，在溝通方面尤其如此。研究顯示，自認有能力提升自我的人，對公開演講比較不會焦慮，他們相信演講能力會隨著練習進步，也會更深入思考如何表達並影響觀眾。

即興溝通是一種學習機會的觀念，正好與成長型思維互相印證。在社交互動時，如果你把自己當成還能進步的不完美凡人，就會對人有更多好奇心，更能投入交談，對其他可能性的態度也會更開放。你不會為了溝通不如預期而焦急，所有失敗經驗都會是學習、練習技能的寶貴機會；你不需要證明自己的能力或追求他人的認可，自然也就不會深受壓力的緊迫盯人所擾。

想讓自己在往後更常採用成長型思維的話，這裡有幾個建議可以幫助你（除了閱讀德威克的書，我也很推薦去看她的TED演講）。首先請多關注你花費的努力，不要只關心得到的結果。如果你已經花費時間和心力準備焦慮管理方案（詳情請見第一章），請給自己掌聲！在社交場合中提醒自己，只要努力，就能貢獻價值並學習新洞見。你可以複誦這樣的口訣：**「我有重要的事要說，也有珍貴的事要學。」**

溝通不順暢時，德威克所說的**「還沒」**，就是你可以用的心法。你有潛力可以掌握即興溝通的各種技巧，只是「還沒」做到。設立目標時要實際，也要好好思考達成目標的步驟，評估過自己現在的程度後，可以想一想什麼樣的成長可能在短期內實現，或是需要長期累積。告訴自己，只要不斷嘗試，總有機會達成期望的目標；即使進步很緩慢，竭盡全力本身就很有價值。

「還沒」心法也可以幫你思考關於精進自我的問題。如果其他人的提問令你感到慌亂，可以問自己：我要怎麼在問答時間提醒自己做慢長的深呼吸？什麼樣的捷思法可能在問答時間冒出來妨礙我？我可以用什麼口訣來提醒自己，問答時間是累積備用畫面的機會？

當你達成特定的溝通目標，請好好回味旅程的經過，先別去想下一階段的目標。你可以把目標當成一條路或一座要爬的山，可以多利用「過程」或「冒險」之類的字眼，提醒自己這是具有開放性結局的旅程。你要記下一路上發生的事，定期檢討你的觀察與洞見，回顧旅程中的美好與挫敗。黃思綺與珍妮佛．艾克的共同研究表示，融入旅途的意象會讓我們更樂意在完成目標後持續努力。

**試試看**

找一項你想要學習或改進的即興溝通技能，例如回答問題、敬酒感言或是接受錯誤。你要用哪些步驟來掌握這些技能？要怎樣才能讓自己可以持續一點一點地進步？你已經開始做的步驟有哪些？有哪些做得很好，有哪些需要改進？你可以找誰協助？

## 思維翻轉二：從「想著自己」到「想著對話者」

當我們把即興溝通場合當成威脅，就會把注意力轉向自己，想著：我受困了、我似乎必須設法證明自己的能力……我們會以處理威脅的方式面對一切，關注的焦點只有自己做了什麼事、說了什麼話，就算偶爾注意到別人，在乎的還是他們怎麼看待我們。

我們可以利用開放機會思維來改變這個情況，將我們的焦點從自己轉到對話者身上：他們是誰？他們在意什麼？他們現在感覺如何？他們想要從我們身上得到什麼？提出這些問題後會發現，當下所處的場合也是服務他人、提升他人生活體驗的機會。無論掌握什麼談資或置身於什麼樣的情境，都可以用話語來鼓勵、支援、教育、娛樂，甚至啟發對話者。

史丹佛榮譽退休教授派翠西亞．萊恩．麥德森是即興表演專家，她指出，在每一堂即興表演課中，她告訴學生的第一件事就是：「即興表演的重點跟你無關。你要想的是在場的其他人——要怎樣跟他們合作，還有要怎麼一起在這裡完成一件事。」還有很多人像她一樣認同這個智慧。在我做過的所有 Podcast 訪談中，來賓最常強調的想法之一，就是關注聽眾很重要。如果我們將即興溝通當成服務他人和學習精進自我的機會，會表現得比較好。做這個思維翻轉可以讓我們不再對自己施壓，轉而追求更高層次的目標。

為了更懂得以對話者為中心，麥德森建議，剛走進一個空間時，可以先仔細觀察當場人群的組成還有環境的狀態。她說：「你要了解想講的話題，也要明白現在這場聚會的目的，還有正在發生的事。」她也提到正式演講時，也曾在觀察現場觀眾後改變原本想講的話。修改的契機可能是看到環境出乎意料地美觀，或是發現觀眾有些特質讓她想指出來。在即興溝通的場合中，查看環境也同樣能發現豐富的資訊，包括參與者的心情、精神狀態、偏好等等。這些事物可以提示我們，對話者對我們可能有什麼期望，還有我們可以怎麼幫助他們。

想著對話者時，我們可以提醒自己，他們當中的大多數人都希望溝通成功。雖然我們可能不覺得，但其實只有少數人喜歡看到交談對象出糗。對話者想要的，無非是跟我們進行一場順暢、愉快的互動。如麥德森說的：「觀眾（無論場合是演講、會議還是表演）不會像奧運裁判檢視選手表現那樣看得很仔細，他們就是一群普通人，跟你一樣；他們跟你同在一個場合，是為了幫你打氣，還有向你學習。如果我們一直設想自己的表現會帶來災難性後果，就會忘記這一點。」

想像一下，如果你跟觀眾之一交換立場，你會想要看到一個人在那邊支支吾吾地說不出話來嗎？如果你邀請某人參加活動，或幫忙安排會議，或開啟對話，你會希望那個人覺得難堪或不敢表達自己嗎？當然不會。如果你是正在聽自己說話的人，你會想聽到什麼？你會希望有什麼樣的體驗？什麼樣的資訊或內容會讓你有感？

Google雲端的商業財務主管凱西．波那諾相信，大多數聽眾想要的很簡單，就是更了解說話者，跟說話者「共享一個美好時刻」，加強彼此的連結和參與感。因此，當她回答問題時，都會設法讓聽眾有這樣的感受。她說，這個心法「讓我放鬆很多。我只要試著認眞跟他們交流、連結就好」。從她得到的好評我們得知，這個方法很有效。

關注對話者的體驗不代表我們應該忽視自己，只是如果我們明白創造美好時刻需要什麼條件，對話時會更自在。舉例來說，如果朋友希望你提供建議或意見，可以先問問他們希望得到什麼類型的回應，或希望你的回答包含哪些部分。了解對話者之後，我們可以更眞誠地面對他們，爲他們提供更好的服務。我們爲對話者付出的努力，可以讓我們從防衛姿態轉爲開放心態，關注與對話者可能一起創造、完成的體驗。

最後，思考溝通成功需要什麼條件時，可以想想你的最佳狀態會是如何。就如同所有照護者在照顧別人前，要先照顧好自己，我們溝通時也要確保自己具備最佳狀態所需的條件。無心之過表演公司的維費克．凡努戈帕爾建議大家「擁抱內心的歌后」。他指出，歌后「知道自己需要什麼才能讓表現達到巔峰，也有自信去索討」。如果你臨時受邀發表敬酒感言或致詞，而你希望聽眾注意你，那麼你可以客氣地請求他們放下手機；如果你希望聽眾有參與感和投入感，可以先讓他們知道這不是你說、他們聽的單向溝通。誠實、直接地跟聽眾互動，你會比較好過，他們也會。

**試試看 1**

下次參加會議、雞尾酒會，或是任何可能需要即興談話的場合，在剛開始加入時，花幾分鐘觀察環境。你可以留意：誰在跟誰互動？人們大多處於空間裡的哪個位置？哪些人最專注、最活躍？哪些人最心不在焉、最沒精神？整體氣氛如何……你也可以注意環境的相關細節，例如燈光、陳設、溫度等等。你可能會意外地發現，你收集到的資訊可能會幫你在當下感到更自在。

**試試看 2**

列出幾位在不同場合中你最欣賞的說話者。在你聽過的演講者當中，誰最厲害？有哪些厲害之處？你心目中很會聊天的人當中，你最喜歡哪一位？最喜歡的會議主持人又是誰？他們行為的哪一點最吸引你？列出他們使用的方法和行動，思考哪些可以融入你的即興溝通中。

## 思維翻轉三：從「對，可是……」或「不對」到「對，而且……」

想不到吧，我有份禮物要送給你！我們又要來玩遊戲了，這次你需要一名搭檔。如果你在家裡，可以找配偶、孩子或室友一起玩；如果你在公司午休時間讀這本書，可以找同事；如果你身邊沒有其他人，找人視訊聊天吧！接下來我希望你和搭檔練習互贈想像的禮物。

你的搭檔會先給你一份禮物。請他們伸出雙手，想像自己拿著一個綁著蝴蝶結的漂亮大盒子，然後做出送禮物的動作。你的任務是假裝收下禮物，拿到盒子後，打開包裝，看著裡面說：「喔，這太棒了！謝謝你送我◯◯◯（請自行填空得到什麼禮物）。」你可以說出任何第一直覺想到的東西，可能是小犀牛，或是燈泡，或是一盒香皂，或是臭臭的跑鞋。無論是什麼，都要感謝搭檔送你這份禮物。這時你的搭檔要當場解釋挑禮物的理由，也是想到什麼就說什麼。

所以，當你打開盒子喊說：「哇！謝謝你送我這隻烏龜！」你的搭檔可能就會接著說：「哈！就知道你會喜歡，因爲你從小就是忍者龜的狂粉嘛！讓你養一隻眞正的烏龜正好，不是嗎？」這個遊戲包含了兩個即興元素，第一個是禮物的內容，第二個則是送禮的理由。

接下來，換你扮演送禮的人，重玩一次這個遊戲。即使不是眞的，收到禮物還是很好玩，對吧？我在演講和工作坊都曾帶領參與者玩這個遊戲，大家都玩得很開心，臉上充滿笑容，常常點頭肯定彼此，現場總會有很多笑聲。每個人確實都跟搭檔有所連結。

這是我最早接觸的即興表演遊戲之一，我一直都很喜歡。如果讓亞當．托賓和丹．克藍這種即興表演大師來玩，可能會看到各種令人驚奇的花樣。在此介紹這個遊戲有兩個原因。首先當然是跟這個章節的主題有關。如果我們把自己的失言或別人問的問題當成機會和禮物，而不是挑戰和危機，會怎麼樣？你會不會感到驚喜？整個體驗會不會更有趣、迷人？我們會不會跟周遭的人有更深刻的連結？

這個遊戲也展現了思維轉換的過程，讓我們更了解如何將即興談話視為機會。在生活中，我們常會抗拒別人強迫我們接受的想法。如果我們沒有直接說「不」，就會用不同的方式說「對，可是……」就像這樣：「對，這聽起來不錯，可是你再想想比較好。」或是：「對，我知道你在說什麼，可是我不認為你是對的。」我們會抗議、會批評、會提出限制條件。

玩這個遊戲時，我們不做這種事。相反的，我們會肯定搭檔說的話，他們也會回過頭來肯定我們當下的回應。每個收禮的人都會說出莫名奇妙的禮物內容，他們的搭檔則會興高采烈地順著這些內容繼續說下去，沒人會打臉對方：「我送的不是那個。」也就是說，他們的回應不是「對，可是」，而是「對，而且……」。

「對，而且……」的概念是即興表演的核心原則。在即興表演當下的每一分鐘，我們都要設法讓自己遠離想批判的感覺，專注地肯定搭檔說的話，並延續那些內容。這個過程中沒有正確或錯誤的答案，只有新答案和下一個答案。無論遇到什麼答案，我們都說「對」，然後繼續貢獻屬於自己的獨特內容。

「對，而且……」不但意外簡單，也異常強大。平常跟其他人互動時，專心使用「對，而且……」，你會開始把每一刻都當成打開意外驚喜的機會。爲了好好回應，你也會更專注聽別人說話（第四章會有更多關於傾聽的討論）。由於無法事先策畫每一步，這時你會放開控制權，任由社交互動自然推展，能做的只有傾聽、回應，然後繼續增補其他人貢獻的內容，而你說出的每一句話都會成爲一個契機，幫對話導向更新、更有趣的前方。

想將「對，而且……」融入即興談話情境，可以做以下幾件事。

首先，找出自己與其他人的共通點，即使你們正在衝突中或處於協商的不同立場，也要這麼做。先從你們都有共識的領域開始談，即使對話不斷往前推進，仍要三不五時地重拾這些話題。你可能會發現，當你開始努力找雙方共通點（也就是說「對」），其他人也會這麼做，如此一來，就能爲良性互動打下基礎。

在一些困難的對話中，「對，而且……」惠我良多。找到有共識的領域後，發現自己可以用更開放的態度進行討論，得到更有創意的解決方案。有一次，公司裡的兩位地區經理爲了要雇用訓練師或客服人員而起衝突，我幫他們調停紛爭。聽了雙方想為各自團隊雇用新人的理由後，我指出當前大家都同意的最迫切需求，後來我們重新思考，發現訓練也是一種客戶服務，從而將有限的一個職缺設計成身兼多重功能的新工作角色。

此外，說「對，而且……」也會非常有效地阻止你太快對一件事下結論。這麼一來你就不會衝動行事，而是會用「對，而且……」找出事情的脈絡和邏輯。使用「對，而且……」思維對話起先看起來會很難，不過當你理解其他人的話語中有什麼微妙訊息，以及他們的想法如何形成之後，談起來就會更流暢、更自然。你可以藉此好好留意自己心裡的偏見。太快對別人的想法下結論，很容易會在無意間扼殺他們繼續談的意願；打斷其他人發言或太快回應建議，會讓人覺得被無視或被看輕。亞當．托賓在即興說話課常提醒學生，刻意抗拒評判的衝動，不但可以學到新事物，還能讓你持續接觸到更多元的想法和刺激。

**試試看**

下次跟人對話時，如果態勢變得緊張，或是陷入衝突，可以先停下來想一想雙方有哪些共識點。心裡有底之後，設法將談話引導到這些有共識的領域，創造有助於說「對，而且……」的氛圍。

## 思維翻轉四：從「停在上一刻」到「前往下一刻」

派翠西亞．萊恩．麥德森在她的重要著作《成功創意，不請自來》中提到，某年史丹佛大學邀請她在畢業典禮上朗讀，現場有一千名觀眾，包括一些社會名流。在大學交響樂團的音樂表演之後，她會穿著學位服上臺，朗讀大學創辦人珍．史丹佛寫的一段話。

在典禮當天，麥德森看到交響樂團的演奏告一段落，便走上講臺說：「現在我將朗讀珍．史丹佛留給大家的話。」不過這時交響樂團又開始演奏了，讓她十分尷尬。原來麥德森記錯節目內容，交響樂團要演奏兩個樂章，而不是只有一個樂章。觀眾席傳來一些笑聲，大家都發現她搞砸了。

大多數人遇到這種情況應該會驚慌不已或愣在當場，可是麥德森沒有。她回到座位上，耐心地等交響樂團演奏完第二樂章，然後再次走上講臺，重複她的開場白：「現在我將朗讀珍．史丹佛留給大家的話。」

麥德森學到了處理失誤的重要一課：**不要一直想做錯的事，繼續做下去就好了。**她說：「出醜的時候，你的注意力應該集中在接下來要做什麼，而不是一直想：我怎麼會犯這種錯？」當你繼續做該做的事，觀眾可能會敬佩你的勇氣。「我認爲，那些沒被事情難倒的人，我們應該視爲英雄。我會建議學生，你犯過的錯沒那麼重要，你能控制的只有怎麼回歸常軌。」

杜克大學的傳奇籃球隊教練麥克．薛夏夫斯基，外號「K 教練」，他有一句名言在運動圈廣爲流傳：**「前往下一刻。」**假如你打籃球時投籃沒中，或打棒球時揮棒落空，或在美式足球場上傳球遭攔截，你應該迅速調整心態，繼續比賽；同樣的，如果你投進三分球，或擊出滿貫全壘打，或做到達陣傳球，你還是要好好繼續比賽。表現隨時都會變化，想要做到最好，就應該時時注意當下發生的事，而不是讓已經發生的事絆住你，無論那些事有多糟糕或多美好。如薛夏夫斯基所說：「你做過的任何事都不如現下正在做的事重要。」畢業於杜克大學的前美國職業籃球員尙恩．巴提耶認爲，K 教練給球員的教誨當中，前往下一刻思維是「最簡單也最深刻的道理」。

應用在即興溝通時，前往下一刻思維就是爲抓住機會做好準備。當我們停在上一刻，就不會察覺當下浮現的可能性；但如果我們採用前往下一刻思維，就可以不去介意發生過的事，迅速順應眼前的情況進行下去。於是我們「可以不斷地重新開始，帶著蓄勢待發的活力和信心，一次又一次利用著接連到來的機會」。

很多人轉換成前往下一刻思維時可能會覺得憂慮，畢竟我們很習慣對過去的結果產生情感連結，一時難改。如果你有這樣的感覺，我們可以玩即興表演新手常玩的「新選擇」遊戲，練習活在當下，然後前往下一刻。遊戲參與者會表演一個場景，遊戲主持人會在任一時間點叫喊「新選擇！」這時演出者就要放棄剛才演的場景或做過的選擇，立即用剛剛想到的任何新臺詞，演出全新發展。你可以自己玩，用計時器來提醒切換選擇，也可以找朋友在意想不到的時間點喊「新選擇」。只要做幾分鐘，你就會開始覺得，放下手邊的事轉而做別的事其實也沒那麼困難。

下次當你在即興談話場合發現事情跟你預想的不一樣時，別再一直想已經發生的事，給自己一點點時間感受情緒，然後重新調整注意力，繼續進行下去。金泰是陪伴青少年的志工教練，也是非營利組織中的頂尖人才，他在職場中便經常使用前往下一刻思維。現在他在非營利組織當財務長，在正式會議做簡報時，常會出現一些始料未及的問題，有時回答得不太順暢，會讓他產生回到上一刻更正的衝動，可是他所習慣的前進下一刻思維會讓他放下剛剛發生過的事，繼續做簡報。從結果來看，他的簡報往往因此越說越好。

二〇一八年，我到佛羅里達州帕克蘭的瑪喬麗．斯通曼．道格拉斯高中演講，正好在大規模槍擊案發生不久後。演講主題是從不同角度傾聽多元觀點的重要性。這是我熱切關注的主題，但想到槍擊案年輕受害者的故事，我的思緒開始飄忽不定——儘管已經全盤想過演講內容，我還是呆住了，忘了自己在說什麼。

我從這個小挫折恢復的辦法，是說出在那裡演講的目標。我告訴觀眾，我人生中有很大一部分都在幫人準備分享觀點所需的知識，讓他們可以自信表達，並且得到理解。我也向觀眾承認，會出現短暫的結巴，是因爲太急切想要傳達演講主題的訊息反而讓自己分心。在這尷尬難堪的時刻，重申目標讓我得以回復講話清楚的狀態；同時也承認了在場觀眾注意到的事實——我結巴了——然後將大家的注意力帶回原本的演講主題，也就是前往下一刻。

不管是自己或他人的成敗，我們都不應該太快下定論。有個寓言故事可以幫我們記住這個道理：農夫發現自家的馬從馬廄逃走了，鄰居紛紛對他的噩運表示惋惜，他回答：「誰說得準呢？」後來他的馬帶了幾匹野馬回來，鄰居又來恭賀他的好運，他再次回答：「誰說得準呢？」他的兒子試著騎上一匹野馬，結果摔下來受了重傷，鄰居相繼來安慰農夫，他還是回答：「誰說得準呢？」不久後，農夫的兒子因爲受傷而免除了入伍從軍的資格，但聽到再多的好消息，睿智的農夫還是回答：「誰說得準呢？」

我們永遠不會知道一件事或一句話最終會怎麼影響我們的人生。不幸的事件可能隱藏著幸運，突如其來的喜事也可能索討難料的代價。與其沉溺於過去發生的好事或壞事，不如專注於完成更大的目標。以後如果我們遇到挫敗，忍不住時時回想，可以告訴自己：「誰說得準呢？」然後前往下一刻。

**試試看**

如果你即將參加的場合可能讓你突然受到矚目，可以事先在紙條上寫「誰說得準呢？」然後把紙條放在口袋裡。書寫的動作，還有在口袋裡摸到紙條的感覺都可以提醒你，不要對自己說的話或做的事太快下定論，只要繼續前往下一刻就好了。另一個方法是，設定手機在即興談話場合開始前五分鐘提醒你：「誰說得準呢？」

## 發現烏雲有金邊

多年前，我是一家公司的團隊領導人，有一天上級通知我必須裁員十個人，也就是我們團隊的四分之一，這讓我非常震驚。我不曾一次開除這麼多人。當然我也知道，那時大環境不景氣，公司營收因此下滑，而且上級前一週才跟我說我們團隊不會有人離開。大部分的下屬跟我交情都很好，要我親自告訴他們這個壞消息實在很痛苦，我也完全不知道怎麼開口。我自認是具有同理心的好人，也是會照顧下屬的主管，但這時我覺得快要變得不像自己了。

但我別無選擇，只能勉強打起精神，找即將離開的下屬安排會議。第一場會議是跟珊蒂談，她是我的好朋友，也是主管東岸團隊的資深經理。她一進會議室，我的胃就在翻騰。我很擔心裁員對她生活的影響，也很怕談完之後交情就不如以往了。此外，也很煩惱自己能否盡可能地不傷害她的感受，成功應對眼前的問題。

關上門之後，我突然想到：是啊，要讓珊蒂離開確實很糟糕，她的生活可能會遇到困難，我的自我感覺也不好，但有沒有可能從這個非常討厭的任務中找到一點價值呢？我思考了幾種看待眼前狀況的不同角度。沒錯，沒有人被裁員是不難過沮喪的，可是資遣方案中有沒有值得一提的好處或資源可以幫人邁向下一步呢？可以理解聽到壞消息時會慌亂的心情，但我能不能幫下屬和朋友冷靜下來，讓他們可以開始計畫未來呢？

雖然珊蒂的工作表現很傑出，不過我也知道她真正的志向在其他領域。幾年來她提過幾次想要離開，去經營弱勢兒童輔導照護機構。她已經長期在類似的機構當志工，也很喜歡這類工作，還說覺得當輔導顧問很有成就感，是一種心靈慰藉。她不只一次表示想要更深入參與這類工作，還希望可以將工作學到的方法和做法融入其中。

我們坐下來後，我直截了當地告訴珊蒂裁員的事。給她幾分鐘消化之後，我開始跟她一起思考，公司有什麼資源可能可以幫她開始做輔導計畫。說明她即將接受的資遣方案後，我們也一起腦力激盪，看看公司是否還有其他好處能幫她展開新工作。以這些想法爲基礎，我們也想了公司的教育訓練系統有哪些是她可以借鏡的地方。

談了一小時後，她很難受，我很感傷。然而，過程比我預期的還順利。珊蒂離開時並未完全絕望，她對公司當然有些怒氣和其他負面情緒，但想到未來她很興奮。雖然失去既有的工作帶來一些麻煩，她還是可以將這個事件視爲職涯轉捩點，找到一個機會，延續工作經驗並眞正連結熱情所在。在那之後不到幾個月，珊蒂終於成立了一個輔導機構，繼續幫助有需要的人。

我與珊蒂開會時得到的體悟，成了處理其他下屬資遣會議的準則。我會承認並肯定他們的痛苦感受，也試著指出他們可能得到的機會。我盡量確保自己可以回答資遣方案的細節問題，不清楚的地方也會讓他們知道可以問誰。會議中大多數的時間，我們都在討論未來可能的職涯方向。有好幾位下屬後來還特地寫信來，感謝我當時傳達壞消息和處理資遣的方式。

後來我才意識到，當時我用了這一章提到的四種思維翻轉方法。我提醒下屬，將裁員當成重整職涯的機會，讓他們思考怎麼定位自己並成長**（成長型思維）**。我讓自己不再煩惱傳達壞消息有多困難，而是將討論內容轉向下屬和他們的需求**（想著對話者思維）**。當我和下屬一起腦力激盪未來職涯的可能性，我們都能肯定彼此的說話內容，然後加以延伸**（「對，而且……」思維）**。

上級的決策沒有讓我陷入反感或失望太久，我振作起來，還跟下屬進行了希望有益於他們的對話；我也試著幫下屬脫離裁員的衝擊，讓他們將注意力投入未來的可能發展**（前往下一刻思維）**。

跟這些下屬談資遣，是我畢生進行過最困難的對話。我會將這類場合歸類爲預備與即興混合型溝通。上級指示我以特定方式讓員工離開公司，我不確定這些談話會怎麼發展，以爲大部分時間都會是即興談話。可是轉念將挑戰視爲機會之後，我得以將能力發揮到極致，幫助被開除的下屬。我所處的位置無法改變現實，但藉著準備和照顧對話者的需求，至少能將現實變得不那麼討厭。

無論在這類至暗時刻，或是較令人愉悅的場合，我們都可以翻轉思維。專注於眼前的機會，獲得解放會變得更有創意、更欣喜、更有活力，並感受到更多樂趣。我想邀請你一起來參與這個看似微不足道但重要的轉變，卸下你的防衛姿態，別再執著於成就結果，允許自己接受小冒險帶來的各種可能性。在許多場合中，我們得做好該做的事，但轉換思維和方法，令人驚喜的好事才會發生。當我們調整想控制一切、保護自己的心態，鎮定地用開放的態度和好奇心面對眼前情況，將創造讓真實自我發光的空間，也爲自己打開學習成長的可能性，更重要的是，我們的對話者也能因此學習成長。

## 小練習

一、回顧你最近進行過的即興談話。其他人有從你身上學到什麼嗎？你說了什麼有益於他們的話？未來要參加即興談話場合時，你可以採取什麼步驟提醒自己，關於你可以為對話者帶來什麼樣有價值的內容？

二、下一次參與即興談話時，想一想你和對話者可能在哪些方面有共識。然後問自己，什麼事情會讓你不想認同此人。思考過這兩個問題的答案後，你會變得比較樂意採取「對，而且……」思維。

三、想一想你即將參與的即興談話場合。你認為這個場合可能讓你得到的最佳機會有哪些？請列出來。這當中有令你驚訝或興奮的機會嗎？接著請你列出這個場合中可能出現的最大危機。在你思考過有哪些機會後，這些危機是否看起來比較不具威脅性？

# 第四章　站好！先別做任何事——傾聽

有時最好的溝通方式是閉嘴。

很多人想到溝通，只想到說話的問題。但如果想要有效溝通，我們也必須「傾聽」，仔細留意對話者的內在和情緒狀態，利用這些資訊來調整說話內容。

弗雷．達斯特是《創造對話》一書的作者，也是知名設計公司 IDEO 前資深合夥人、全球常務董事，他曾親身見證傾聽的力量。二〇一〇年，他加入了希臘政府高層的顧問團隊，那時希臘政府遭逢財政困難，正在尋求增加收入的管道。多位官員考慮的方案之一，是出售某一塊濱海空地給原先租來當機場的卡達政府。包括總理和幾位內閣成員在內的政府高層爲此召開了公開會議，與達斯特等專家一起討論出售案的可行性。

大多顧問專家，包括達斯特在內，都認爲想要避免國家破產，完成這個土地出售案是最簡單容易的辦法。那塊地目前對希臘沒有什麼價值，只是一座布滿殘破建築物的廢棄機場，但卡達人有能力可以重整土地，讓這個地方變得有用又有趣，同時幫希臘緩解經濟困境。

希臘政府似乎也同意這類觀點，看起來像是想要推動售地案。因此召開會議的主辦方並未將這次會議當成眞正的公開討論，他們認爲政府官員只是想走過場，利用專家意見來爲售地案背書，以爭取公眾支持。

達斯特參加會議時已準備好要投贊成票，也想好了一些支持的理由。不過會議開始後，他注意到一件有趣的事。雖然希臘官員說了不少售地案的好處，有些人的態度卻模稜兩可。他們或多或少都委婉提到，雅典人自古以來就是航海民族，習慣接近海洋。然而城市裡的許多建案已經大幅縮減了大眾親近海水的機會，這塊土地是雅典市附近少數僅存的濱海空地，因此官員這麼說像是在暗示：如果出售土地的話，雅典人將完全失去具有文化精神意義的海洋傳統。「你會發現並感受到，這個售地案其實頗令他們爲難。」達斯特說：「因爲雅典人會失去最後一塊濱海空地。」

輪到達斯特發言時，他決定放棄原本準備好的意見，轉而指出希臘人對售地案產生的不安感受。雖然沒有直接說希臘政府不應該賣地，但他讓大家知道官員爲何搖擺不定，以及如果售地案通過，他們會犧牲什麼。這麼做的風險其實很高，他不能暫停現場錄影直播，也不想給希臘政府惹麻煩。他回想當時儘管很緊張，胃也不太舒服，他還是依直覺行事，說出他認爲希臘官員眞正需要且想聽的話。

接下來發生了讓達斯特吃驚的事。會議告一段落時，幾位高大的隨扈圍住他，達斯特以爲自己惹事了，希臘政府要派人護送他離開，結果是總理要過來跟他交談。「他問我有沒有空一起吃晚餐，還說我完全說中他和幾位官員的感受。」最後希臘政府決定不出售土地給卡達。當然官員還是要設法解決國家的財政危機，但至少在這個案子上，他們可以問心無愧地說自己沒有背棄首都的歷史遺產。保持警覺、仔細聽希臘官員眞正想說的話，達斯特因此得以在毫無準備之下做出眞誠的回應，也爲他的聽眾帶來深刻且正面的影響。

我們在即興交談場合常常錯失觀察周遭人的機會，沒注意到他們正在思考、感受、需要的事。而錯失的原因往往是噪音，分別來自環境、身體、內心。周圍可能很吵，讓我們分心——如果連思考都很困難，就更不可能去照顧別人的想法或感受。另外，身體也會讓我們走神——緊張、疲勞、飢餓的時候，總會較難集中精神。最後還有心理因素來搗亂——我們會評判耳中聽到的話，排練接下來想說的話；偏見或對地位的看法可能會讓我們忽略其他人的觀點，只關注自己。

**三種阻礙我們傾聽的噪音：**

一、環境噪音。

二、生理噪音（疲累、飢餓、焦慮）。

三、心理噪音（偏見、評判、排練）。

## 傾聽的力量

爲了跟對話者眞正產生連結，我們已經知道保持專注、以對話者爲尊很重要。接著我們必須傾聽他們說的話，觀察他們的說話方式，這樣才能找到最有效溝通的線索。觀察時，我們要注意的不只是話語本身，還要從肢體、表情、情境等等訊號，發現對話者的深層情感、欲望和需求。他們對我們說的話或做的動作有什麼反應？當下所處的社交環境怎麼影響我們的互動？哪些溝通內容是我們有共鳴的？哪些是我們沒有共識的？他們用哪些信號來透露當下的感受？

當我們爲了回答這些問題而努力，我們的溝通方式也會讓對話者覺得體貼、迷人、受到關切。同時也會爲自己創造一些新機會，像是建立信任、打開新的人際關係、強化關係連結、更了解其他人的觀點，或是工作更順利。

學習傾聽可以幫我們發現未知資訊或見解，可以更快辨識出不同的規律模式。小布希時期的白宮發言人阿里．佛雷雪稱這種傾聽爲「耳濡目染」。他說自己之所以能把工作做好，不只是因爲他善於發布資訊，還因爲他能隨時保持警覺、吸收資訊。政治活動每天都要接觸大量且不同的議題和政策，他很早就認清自己不可能成爲每個領域的專家。因此他不會爲了準備不足的情況怪罪自己；相反的，他開始專注吸收各種口語和非口語的資訊。如果聽到有關社會保障或國防相關政策的資訊，會先默默記起來，之後有機會再多加利用，例如在交談中問到後續發展的問題，或是提出意見時。久而久之，他可以辨認出事情的規律，將以前得知的資訊和當下收到的訊息互相連結。他說：「人眞的可以耳濡目染。發現自己可以記得多少眞的很不可思議。白宮發言人會接觸到海量的議題資訊，能全部吸收最好，這樣有記者在新聞簡報室問到時就能應付。」

我的即興表演老師亞當．托賓說過一個故事：有一次，他向製作公司副總裁提報新電視節目的企畫案，副總裁一聽完就問爲什麼他的節目不是科幻故事。這個問題非常莫名其妙——因爲托賓從沒想過他的提案是一個科幻故事，但他不覺得這是不必理會的蠢問題，也不打算避重就輕回答。他利用專業傾聽者和即興表演者的技能，反問副總裁爲什麼這麼問。

副總裁回答托賓說，這麼問不是因爲他覺得節目企畫案聽起來像科幻故事，而是因爲他的老闆三次投資科幻題材都失敗，最近不太想製作任何有科幻元素的東西。托賓這才知道：「這個人問奇怪的問題是爲了獲得更多資訊，好用來說服他的老闆買我的故事。他其實是想解決問題，而我甚至不知道有這個問題存在。」因爲懂得花時間傾聽並留心當下，托賓取得了有助於成功溝通的資訊，不但可以應對眼前的提案會議，對未來也有所助益。也就是說，藉由傾聽，他不但抓住機會，還讓機會變得對他更有利。

傾聽也可以讓我們有機會加深連結。在一項研究實驗中，將參與者分成兩人一組，其中一人說話，一人在旁邊聽。說話者在說話時，研究小組會發送簡訊給部分聽話者，刻意讓他們分心。結果發現，說話者遇到比較專注聽的人，表達會比較清晰，不但緊張程度較低，也會更樂意分享想法。這表示，我們越認眞聽對方說話，彼此就越能靠近。其他針對一般受僱者的研究也發現：「雇主的傾聽可以讓員工更放鬆，更了解自己的優勢和劣勢，也比較不會用防衛姿態來回應談話。」傾聽有助於更多的資訊流動，可以讓協作更容易，同時創造更多連結機會，並且讓我們在即興談話中更容易觸動對話者的內心。

反之，如果不懂得傾聽，我們可能不僅會失去機會，還會製造出新問題，讓對話者以為我們是討厭的白目。我在二十歲出頭時，曾擔任知名電影導演兼製作人的實習生。有一次，我參加了老闆跟幾位日本電影公司高層的會議。我很熟悉日本文化的一些規範，比如日本商務人士遞名片的方式會比美國人隆重，在日本第一次見到商務合作對象時，會低頭恭敬地用雙手拿名片給對方，而收到名片的人則會同樣用雙手接下，看過上面的名字後，把名片放在桌上目光所及的位置。

我的老闆對這項禮節一無所知。當日本客人給他名片時，他像一般美國人一樣，把名片收成一疊，隨意地放到皮夾裡，然後就坐下來開會。商場上這類錯誤很常發生，如果我們能時時警覺對方的反應，通常還能挽回局面。但我老闆沒察覺到所有不滿他失禮的信號：客人緊繃的肩膀、禮貌性的假笑、尷尬的沉默，離他座位很近的兩位客人甚至還交換了困惑和不贊同的眼神。即使是像我這樣的職場新人也能感覺到，剛剛發生了令客人不快的事。然而會議持續了一個多小時，沉悶的氣氛始終沒消散，老闆似乎完全沒感覺到。

我們一定都曾因為沒認真聽人說話而付出代價。有可能是太早跟客戶提出一個還未定案的想法，沒有事先跟團隊確認這是否為最佳方案。或是急著為親朋好友解決問題，沒注意到他們其實只是想找人抱怨抒發心情。也有可能是以爲某些人對自己有意思而提出約會邀請，但事實上他們對我們好只是想表現友善而已。如果我們更仔細注意其他人眞正想表達的意思，就不會每天犯下一堆大大小小的失誤。

## 成為懂得傾聽的人

在即興交談的場合中，我們要怎麼傾聽？史丹佛講師兼管理顧問柯林斯．道伯斯從大學打籃球的經驗創立了一套方法，用有效的三步驟來處理困難的溝通問題：**步調慢一點、思考有空間、自我要覺察**。這套方法可以讓我們更懂得傾聽，而且不只可以用於困難的溝通問題，所有人際互動都適用。基本上，這套方法會讓我們先慢下來，思考周遭其他人可能在想什麼，然後運用我們的直覺來應對當下的情況。使用後會發現，更有同理心的傾聽會促進更順暢的溝通。現在我們來看、來學、來聽吧！

### 步驟一：步調慢一點

現代生活步調快，導致很多人也都會想得快、說得快、聽得快。步調慢下來，集中精神感受現在這一刻，我們會開始發現，周遭人們身上透露了很多原本沒注意到的訊息。

曾在全國公共廣播電臺擔任記者的黛博拉．西弗林在採訪時，會使用名爲「最後必殺問」的方法。在訪談即將結束前，她會問受訪者是否還有重要的事沒問到。有些受訪者會立刻回應，但如果沒得到回應，她也不會就此罷休，而是會等待，等到對方開口。大多數的受訪者會說她的問題已經包含他們所有想談的面向。但如果她從容地再多等一下，會發現：「他們會說出整場訪談中最有趣的事情。」

西弗林推論，那些沉默的時刻解放了受訪者，因爲她讓他們掌握了對話主導權。「這個條件會讓他們更樂意分享；又或者說，訪談到最後，我們已經談了很多事情，這段沉默時間正好讓他們有機會沉澱下來問自己問題，並得到一個答案，讓他們迫不及待地想說出來。」

傾聽者所需的第一步「慢下來」可以怎麼做？西弗林的「最後必殺問」正好是一個範例，而這個例子也說明，讓步調慢下來可以展現我們對他人的興趣和尊重。

有不少方法可以幫我們放慢步調，而且不只能用於對話的最後階段，任何時候都可以用。例如，跟人面對面坐著時，可以把手機收起來；可以深呼吸；可以默念口訣，像是「我是爲了你才來這裡」或「這件事很重要，我要集中注意力」；也可以提醒自己傾聽有哪些重要性。

慢下步調不只是要空出時間，也關乎怎麼使用時間。認眞傾聽時，我們的心要靜下來，減少評判的想法，才能更了解其他人話語中的重要細節，說話者也才會知道我們有在聽。有學者將傾聽比喻成「肌肉」：「需要持續努力地訓練，更重要的是，還要有成爲好傾聽者的決心。」讓自己認眞聽人說話的動作包括：保持眼神接觸，透過臉部表情或點頭回應說話內容，重新整理敘述我們聽到的話、問問題等等，也可以盡量避免在分心時交談，將對話時間安排在精神比較集中的時段。

加強傾聽能力也表示需要關注自身和他人非言語溝通的相關細節。蓋以．伊茲夏可夫是在海法大學任教的知名傾聽專家，他曾告訴我某位伴侶諮商顧問如何在諮商時觀察客戶，並察覺關係可能發生的變化。許多案例中，伴侶的其中一人（通常是男性）感到不自在時，會把腳對著門的方向，彷彿想離開；雖然這個人可能不會明確表達出自己的感受，但他的伴侶會在有意無意間注意到，進而採取防衛姿態，也就是整個人會變得比較緊繃，可能會用雙手環抱胸前、後退一步，或者垮下肩膀、縮小自己。從這樣的例子可知，我們必須注意行爲訊號背後代表的感受，同時也要當心，我們所透露的訊號會不會抑制別人表達的欲望。

伊茲夏可夫進一步指出，我們常常會用通例來解讀非口語溝通，以爲自己知道某個手勢代表什麼意思，但事實上，同一個手勢在不同人身上可能會有不同意義。因此伊茲夏可夫建議：「讓對方多說一點吧。不要怕對話有沉默的時候，深入思考需要一些時間。」花時間傾聽後，就能夠區分每個人的非口語溝通方式，然後發現說話者的情緒跟我們原先以爲的不一樣。

傾聽時採取什麼思維也很重要。像我有時在即興溝通時聽到問題，總會想提出解決方案，你可能也有同樣的問題。我們以爲這樣表示自己有在聽，但這時解決問題的思維會讓你靜不下心，腦中的解決方案可能會打斷注意力。伊茲夏可夫說：「眞正在傾聽的人會相信，說話者會設法解決自己的問題。」因此，有傾聽思維的人不會急著幫忙找出解決辦法，他們會問說話者問題，仔細聽對方的回應，然後問更多問題，藉此讓說話者自己想出辦法。他們問的問題包括：「你之前遇過類似的問題嗎？」「你以前遇到這類事情時，用了什麼方法處理？」當我們有意識地使用傾聽思維時，其他人就會覺得我們很會傾聽。很多時候也確實如此。

慢下步調練習傾聽，可以讓我們在許多即興談話場合上表現得比較好。在商務晚餐中，我們會因此明白主管要我們幫忙介紹參與同事的眞意；在茶水間聊天時，也會藉此發現同事問我們的感想有什麼目的；在派對上跟可愛的人調情時，我們會因此發現他們偏好的約會對象或關係型態。在所有即興談話場合中，慢下步調可以表現出我們對他人說話內容的興趣，有助於建立關係、促進溝通。此外，也得以發展有助於後續回應的重要偵察能力。

**試試看1**

練習在對話時暫時沉默下來。為了讓自己更習慣使用這個方法，可以先在不這麼重要的場合或日常閒聊中試試看。

**試試看2**

找一支有人在說話的影片，調成靜音，留意說話者的非口語行為。他們的眼睛怎麼動？他們的動作很大還是很僵硬？他們怎麼擺放身體？所有訊號和線索都可能會加強或削弱他們正在表達的訊息。

### 步驟二：思考有空間

矽谷資深設計師鮑伯．巴斯利跟公司其他主管討論作品時，不會一直說話。很多時候他都在聽其他人講話。他說：「我不會立刻回應任何意見，或是立刻修改作品。我也訓練我的團隊這麼做。這種時候我們就是要聽，然後做筆記，之後再加以整合、理解聽到的內容。」弗雷．達斯特也會用類似的方法。如果他遇到讓他想改變或做新嘗試的事物，他會先一些花時間思考。「你不應該強迫自己爲了做而做。」他這麼說。

除了調整步調之外，讓我們更懂傾聽的方法還有創造空間，讓自己可以去思考聽到的事。在花時間聽別人的觀點後，現在我們要思考自己的回應，想一想可以怎樣滿足對方的需求。

爲了爭取時間和空間去理解我們接收到的訊息，我們可以問一些澄清性問題來釐清有疑問的地方：你爲什麼會相信這件事？這件事有什麼幫助？還有什麼想要補充的嗎？西弗林觀察到，提問題的舉動需要一些勇氣，因爲邀請對方回應，等同把控制權交出去。不確定對話會怎麼發展可能會讓我們感到緊張。然而這麼做卻也可以讓我們消化聽到的內容，讓對方知道我們有在聽，同時獲取更多細節和見解。

我知道問澄清性問題有多難，也明白這麼做會多有幫助。不久前，我去教七十五位新創企業創辦人和主管溝通技能，其中一位先生在休息時間跑來指教課程內容：他不喜歡我的教材，也不喜歡我的上課方式，覺得我的方法「錯了」而且「會讓人變得無聊」。

我的第一直覺是反駁，或是有禮貌地敷衍了事。不過，後來我還是嘗試去了解他想表達的意思，請他「告訴我爲什麼這樣會讓人變得無聊」。

聽到這位聽眾的評論很難過，但我還是聽完了。仔細思考了一下，我發現他不是因爲心情差或是想找碴才說那些話——他其實是出於好意，而且眞心希望我可以更好。這個新認知改變了評論代表的意義，我因此更認眞看待他所說的話。他最關切的是教材呈現順序。雖然我試著把所有知識整理成有邏輯的方法，這個架構卻讓他覺得等很久才聽到重點，也無法有共感。他的回饋是有所幫助的，但如果我一開始沒有創造空間去思考他最早的評論，我不會聽到這些話。另一方面，他在回答問題時，我也得以思考更適切的回應方式。現在，在我講授他認爲「很無聊」的課程前，我會先問聽眾問題，讓他們對我要講的內容產生興趣，上課時精神更投入。

除了問澄清性問題，爲自己創造思考空間的第二個方法，是重述一次剛剛聽到的話。重述不是一字不漏重複對方說的內容（比如「我剛剛聽你說的是……」），而是總結他們想要表達的核心內容。依據所處情境，這麼做可以達到幾個目的：確保我們正確理解對方的意思、承認對方正在經歷的感受、找出不同想法之間的連結、讓對方知道我們有在聽。在大多數情境中，這麼做可以讓我們後退一步，思考剛剛聽到的話。

亞當．托賓指出，重述可以稍微延展對方話語存續的時間。用自己的話重述對方講的內容，「有點像是在那個空間多待一下……像是在說，好吧，在我們產生自己的想法或思考那是什麼意思之前，先在這個時刻裡浸泡一下。」用這個方式創造的思考空間可以幫我們熟悉談話內容，這樣對話才不會一直匆匆流過。

幾年前，我任教的社區大學邀請我去主持策略會議。會議時間有限，但討論有時會變得很激烈，我常常得簡短重述較長的個人發言或多人討論，像是「預算支出聽起來很重要」或「實施的時間點要好好考慮」。重述不但可以幫大家聚焦討論的議題，也可以讓我和與會者有時間及空間回顧討論內容，並思考下一步行動。

發問和重述都把焦點放在他人的說話內容，最後一步的創造思考空間方法則是關注沒說出的話。重述剛聽到的話之後，我們可以針對說話者沒提到的部分發問，釐清他們的意思。有人提出批評指教時，這個方法很好用。比如，有同事幫你指出錯誤時，提到這會影響團隊，你可以回答：「我知道時間和成本問題要一起考慮，但我還沒想過這兩個因素加乘的結果。請問這兩個因素可能會怎麼影響團隊？」要求進一步說明可以幫你發現並仔細思考，說話者的行爲背後可能潛伏著什麼樣的強烈情緒。了解這些感受後，你可能會更清楚要怎麼針對當下的情況做出最有益的回應。

還有另一種情境可以利用「我沒聽到」的問題來推進對話。我指導和訓練的人通常都對說話十分焦慮，他們常會分享遭遇過的困難、恐懼等問題。我會試著肯定他們說的話，但很多時候我也會問：「我已經完全了解你說話時有多焦慮，現在我想請你回想一下，在哪些時候你可以順暢表達，而且不這麼緊張？」這個問題可以幫他們發現原來自己說話也有不緊張的時候，同時我也會得到一點空間，思考怎麼回應他們說的話。

**創造省思空間的關鍵：**

一、問澄清性問題。

二、重述聽到的內容。

三、指出對方沒說的內容。

**試試看**

接下來一整天，在你參與的三場對話中試著問幾個澄清性問題。主要任務是讓對話者解釋他們正在嘗試解決的問題，或是他們最近想要分享的感受、需要的資訊。留意看看你怎麼獲取更多細節，以及這麼做是否減少了讓你立即回應的壓力。

**步驟三：自我要覺察**

幾年前，我的朋友約翰最親愛的奶奶去世了。奶奶對他的人生有深刻的影響，因此他想做一些特別的事來悼念她。當他母親說新來的本堂神父會在奶奶的喪禮上致悼詞時，約翰問能不能讓他代替神父，因爲新來的神父跟奶奶完全不熟，他認爲這個任務應該交給深愛奶奶的人來做。

喪禮前兩天，約翰一直在重寫悼詞，希望每字每句都很完美，他反覆斟酌要用哪些小故事、要用什麼語氣來敘事、結構要怎麼安排、句子要多長、用字要用什麼風格……清楚表達出心中所想和觀眾可能會喜歡的內容後，他心滿意足地把最後版本逐字抄到提示卡上。高中時他曾在一大群同學面前做過幾次有稿演講，對自己的口條頗有自信，可是他還是很焦慮，因爲這次在莊嚴的教堂裡，周圍還有神父和眾多鄰居親友看著，他不確定處於悲慟中的自己能否正常發揮。

喪禮當天，當神父叫到約翰的名字、請他上前致悼詞時，他緊張到胃部抽痛。現場有一百多人排排坐，其中還有很多不認識的人。走向講壇時，他盡力克制不讓自己崩潰，不過當他終於站上臺時，出現一個更大的問題——提示卡不在西裝口袋裡。他心臟狂跳，幾乎快喘不過氣來，但無論怎麼確認，口袋裡都是空的。

一百多張臉盯著他，等他開始說話。約翰回憶當時：「有一刻我很想逃走。」但他沒有。他看到家族成員臉上的悲傷表情，想起自己當初之所以自願上臺，就是爲了緬懷、讚揚奶奶的精采人生，於是他決定臨場發揮。反正，「提示卡上寫的每件事早就刻在我心裡了。」他應該還是可以表達想說的重點。

約翰使出全力，一邊回想他之前寫下的故事，一邊穿插當下想到的回憶，根據觀眾反應，順勢加上自己的簡短想法。講到某一段時，他注意到有些聽眾在座位上動了起來，發現自己離題了，便用一點時間切換話題方向；講到另一段時，看到某位家族成員在流淚，他也哽咽了起來，但他提醒自己，在這個情境有這種表現完全可以理解。只要有一點過失，他都能讓自己回歸正軌，並告訴自己沒關係。「我很清楚自己講得不算完美，可是我表達的情感百分之百眞實。因爲沒有提示卡可以看，我反而可以看到其他親人淚中帶笑的臉。」

約翰能撐過這場無意間造成的即興演講，靠的正是傾聽。首先他注意到在場觀眾的情緒，並聽從內在的聲音，留在講壇上，憑著對自己的信任即興發揮。說話時，他繼續關注內在聲音，一邊消化觀眾的反應，一邊讓內在聲音引導他做出回應。

約翰一走下講壇就知道，大家都認可他的悼詞。有些親戚用充滿感激的眼神看他。他坐下時，他的母親和姊妹也都過來抱他或握他的手。因爲他說的不是生硬的講稿，而是當下的眞心話；因爲他說話時兼顧了其他人的情緒和自己的內在聲音；因爲不完美——事實上正因爲不完美，他的悼詞顯得特別眞摯動人，而且別具意義。

在即興對話情境中，認眞傾聽代表有兩件看似衝突的事正在發生——我們除了要專注聽別人說話，也要同時注意腦中出現的各種內在聲音。人際關係專家大衛．布雷弗德和凱蘿．羅賓指出，要跟人建立好關係，必須「用兩組天線來收集不同的訊號」，一組天線朝向自身內在，另一組則針對外在環境。也就是說，無論何時與人交談，我們都在同時處理兩邊對話：一邊跟眼前的人，一邊跟自己，兩邊都要尊重。

我們常常以為，聽人說話時一定要完全專注在對方身上，否則就不是稱職的傾聽者。於是我們會完全阻絕或漠視自己的感受和判斷，假裝那些想法不存在。如果能多寬容自己一點，讓自己去傾聽內在聲音，其實會在即興談話中表現得比較好。當然，我們不能讓自身的感受和評判壓過別人傳過來的聲音，但內在聲音也不應該完全受到忽視。

回顧過去的經驗時，應該肯定自己的感受，即使有些經驗讓我們引以為恥。我們應該在可承受範圍內好好檢視自己的感受，發現其中的規律模式，並思考為什麼會出現這些感受和想法。內在出現特別令我們心動的想法時，應該多加注意並考慮採取因應行動。我們常常會在對話中聽到心裡說「這個不太對勁」或「事情應該沒那麼簡單」，然後根據這些聲音決定下一步，比如問更多問題、重新考慮原先的回應，或是結束對話。寬容自己的想法，就是容許自己檢視內在想法和感受，然後時時依自省結果調整行為。

跟他人互動時，要有意識地尋求機會表達當下的感受。你可以挑戰看看，在接下來進行的三次對話中，至少要為了表達自己當下的情緒開口一到兩次。起頭可以像這樣：「你知道嗎？你剛才講的事情讓我覺得……」然後就可以進一步說明。表露情感可以讓你更習慣關注、傾聽內在聲音，這麼做可以訓練自己多感受、多分享。

## 傾聽需要做的事，並採取行動

二〇〇八年，英國廣播公司電視臺在攝錄一場TED論壇時發生技術問題，論壇因而暫停，論壇主持人一時不知道該怎麼處理中斷的議程，場面十分尷尬。這時觀眾席突然有人開始大聲說話，顯然是想鬧事。根據目擊者轉述，這個人「開玩笑似地大聲問他能不能從這裡連線新聞臺，報導一場『聽不懂半個字』的TED論壇，又說『奇怪了，一場以科技為主題的會議怎麼會在科技方面做得這麼爛？』」結果拯救整個場面的人是喜劇泰斗羅賓·威廉斯，獲救的主辦方想必鬆了一大口氣。

威廉斯一上臺，一個接著一個搞笑段子信手拈來，從物理學家史蒂芬·霍金到Google，從以色列總理到英國王室成員，調侃的對象多元到令人眼花撩亂。威廉斯的即興演出逗樂全場，主辦方還特地在臺上問他隔天要不要再上臺說幾句話。

等候技術人員解決突發狀況時，需要有人做一些事來安撫觀眾，挽救冷場時間，局外人威廉斯在這時出手穩定局面，他是怎麼做到的？顯然，他是不怕在公開場合亮相的喜劇天才，但其實他也用了任何人都可以用的方法。技術問題發生時，他就在現場，注意著周遭變化，他發現的不只是上臺表演的機會，也察覺了觀眾的情緒和認知，因此才能戳到大家的笑點。也就是說，他留意到了周遭人的需求和渴望。

我們也同樣做得到這一點。如果能好好記下前幾章教的內容，學著管理焦慮，放下對完美的執著，將突發事件都視爲機會而非威脅，在即興溝通場合就可以有還不錯的表現。但如果想跟人建立關係，不但要懂得注意別人，也要懂得注意自己，在接收他人的訊號時，也接收來自內心的指示聲音，不斷地與自己對話。只有將傾聽用到極致，才有機會像威廉斯那樣創造、體驗、表現最好的溝通。而這意味著我們在即興溝通時，步調要慢一點，讓自己有更多思考空間和自我覺察。

**小練習**

一、既然你已經試過用澄清性問題來創造思考空間，現在也可以事先準備這類問題，例如：「可以請你提供更多細節嗎？」「你要怎麼把這個東西用到現在的工作？」「這件事對你和其他人有什麼幫助？」先準備好一些問題，可以幫你減輕壓力。

二、想練習重述，可以在聽其他人說話時，或是在聽 Podcast 節目和訪談時，自己在心裡整理：「所以最重要的事情是……」多練習可以讓自己習慣總結重點。有機會的話，偶爾也可以跟說話者確認你的重述是否準確。

三、花幾分鐘的時間問信任的人，你最近的傾聽表現如何。他們認為你是善於傾聽的人嗎？你是否在特定時刻或場合比較（不）善於傾聽？你是否在聽到某些話題時，比較容易精神渙散，或是比較容易插嘴？他們說的話你是否常常聽錯重點？如果傾聽是你在人際關係裡的大問題，可以問問此人是否願意常常幫你觀察，並給予回饋。

# 第五章　組織你的即興力——架構

即興談話時，路徑指標不是阻礙，而是通往自由的明燈。

我們每個人都有另類的技能。有的人可以捲舌，有的人可以騎獨輪車，我的奇怪技能則是一邊講話一邊倒退走直線。這是大學時期擔任校園導覽員養成的能力。那時我急需用錢，而這是我所能找到的最高薪打工。日復一日，我帶著一群又一群家長和高中生走遍史丹佛大學校園，跟他們介紹重要景點，同時在後退時不踩到或撞到任何東西。

現在這個邊後退走路邊講話的技能已經很少用到了（畢竟現在大多數的溝通都靠網路進行）。不過當導覽員也讓我得到其他好處。比如，我學到了很多事，其中最重要、最有價值的是溝通架構的重要性。在三個月受訓期間，主管和前輩教的第一件事就是：「千萬別讓你帶的團走失。」為了確保這件事不會發生，主管教我幫參訪者設定期望，為他們提供清楚的路徑和指示。也就是說，他們教我用規畫好的方式帶導覽。

當導覽員教會我的事，也可以改變你準備演講或發表意見的思考方式。是的，你沒想錯：**即興溝通確實可以事先準備**。目前為止，我已經談了如何在即興談話時放鬆，如何因應當下的情況回應對話者，接下來我們還有其他準備可以做——你不必事先推演互動該怎麼進行，也不必背稿，只要設定一些限制並養成某些習慣，就可以在毫無準備的情況下，提高順暢溝通的機率。其中最重要的一步是思考說話架構怎麼安排。

開始帶導覽時，我不會只說：「嗨，我是麥特。我們走吧。」然後開始分享任何想到的資訊。

相反的，我會先對參訪者說明一路上會看到哪些景點，以及我們不會去的地方。在這個過程中，我也會回答參訪者常問的問題，例如導覽會進行多久、中途會不會休息等等。

先讓參訪者了解行程，然後開始執行計畫，他們就會知道跟著我可以得到什麼資訊，心情會變得比較輕鬆，也會更專注聽我講解；如果參訪者不知道要期待什麼，他們的心裡就會一直對接下來會發生什麼事感到困惑。也就是說，在一開始就設定好期望，我和參訪者就可以更注意行程上的細節。

在不同情境表達想法時，如果一開始就有架構可以遵循，我們講起話來表現會好很多。如同帶導覽，有架構就能讓觀眾或對話者預期接下來的內容。回想一下，當你聽到一個人沒完沒了地講不停，或是看到一個人在文章中隨意東拉西扯，你會有什麼感覺？你能一直專心聽或讀下去嗎？他們想傳達的訊息清楚嗎？又或者你很快就失去耐心，開始注意別的事情，或直接放下不管？

很多人都覺得架構對正式演講很有幫助。因爲我們有充裕的時間規畫內容，演講時，就能自然又有邏輯地論述想法。即興溝通卻像是另一種難打倒的怪物。如果有人突然關注我們，要我們說話，我們往往頂多只能保持冷靜，評估一下周遭人們的感受，說出不至於丟臉的話。要我們有更多即興表現，就像叫小孩開大車，怎麼可能有條理地表達自己、爲周遭人設定期望呢？重點是，爲什麼我們要使用架構呢？思考架構的時間可能會讓我們像在恍神，回起話來會很遲緩。

其實架構不會妨礙即興溝通，反而會讓溝通更順暢。最好的爵士樂手即興表演時，並不只是任意演奏腦中浮現的音符，他們會在約定俗成的音樂結構範圍內即興演奏。通常他們會學習經典樂曲的規律原則，以這些樂曲的旋律與和弦做爲即興演奏的基礎架構。事先知道一首歌的結構，樂手就能利用基本和弦，參考範例歌曲的旋律，做出好聽的變化。有一個既定架構，能讓爵士樂手更容易即興作曲，因爲他們可以用架構規則創作出具有新意又符合當下氛圍的作品。樂曲架構也可以引導聽眾，讓他們找出一個可依循的規律，使爵士樂聽起來不至於像一團噪音。

小孩玩耍時也有類似的現象。遊樂場設計師梅根．塔拉羅斯基說，小孩需要玩樂的自由，也需要一些規則限制。「如果你讓他們隨便玩，」她解釋，他們對彼此會比較粗暴，因爲「如果沒有其他東西激發想像力或讓他們競爭的話，他們就會把彼此當成玩具。」在設計遊樂場時，塔拉羅斯基總會設法創造出「好玩的基本框架或舞臺」，讓孩子們保有更多即興發明和探索的自由度。這種框架可能會以特定遊樂設施的形式呈現，例如，讓孩子可以用偏好方式快速移動的開放式網架，或是讓孩子可以思考用什麼動作滑下來的溜滑梯。此外，框架也可能會以不同玩樂元素的安排呈現，這樣小孩在遊樂場移動時就會有新發現或驚奇感。

想要讓說話架構更好用，沒必要事先寫腳本，但我們可以學爵士樂手，先學會好幾種簡單的架構，等情境發生時，就可以拿出相關的架構應對，不用太費力就可以增進溝通能力。

## 給自己的筆記：清單不是架構

當我跟客戶和演講觀眾提到架構時，有些人以為清單就是架構，只要把想說的話條列出來，架構就完成了。

請別誤會，我認為清單是好東西。當你要去超市購物，或想分類表現好跟不好的員工，列清單會很方便。但在即興溝通時，清單並不是成熟的架構，我們不會因為有清單就回答得更好，或傳達更有說服力的話語。清單就只是清單而已。

我將架構定義為「用邏輯串連想法的敘事方式或故事」，想法會因此組織成**「開場」「中段」「結尾」**。如果你在即興溝通場合只用清單，表示你不懂清單和架構的差異。國際演講協會的資深教學設計師蘇．史丹利也同意：「無論即興與否，架構是所有成功演講的重要原則。你必須讓說話內容有開場、中段、結尾；你必須知道要從哪裡開始，從哪裡結束。」

如果你把架構想成用規律串起不同元素的敘事線，你會發現架構無所不在。大多流行樂曲的架構都是常見的那幾種。其中一種是ABABCB，以主歌開場（A段），接著到副歌（B段），回到不同歌詞的主歌（A段），再進行到副歌（B段），然後是過渡的橋段（C段），最後結束在副歌（B段）。蒂娜透娜、電臺司令、凱蒂佩芮等不同世代的暢銷金曲創作者都會用這個架構創作，而且整個架構很合理，有清楚的開場、中段、結尾。

電影、小說和其他文學作品也都有常見的架構。舉例來說，在西洋文學作品中，常見的公式是ABDCE：剛開始會描述行動（Action），接著會提供背景故事（Backstory），發展角色之間的衝突張力（Development），並持續增強角色衝突直到高潮段落（Climax），最後衝突解決（Ending）。讀這種架構的故事時，所有事件的發展看起來會很合理，不會有莫名其妙的事突然冒出來。

法律辯論則是常常會用IRAC架構。首先會討論議題（Issue），然後呈現相關的適用法條（Relevant legal rule），接著提出議題與相關法條的分析（Analysis），最後提出結論（Conclusion）。業務員則常以「問題─解決方案─優勢」架構來推銷產品。首先指出影響對話者的問題或痛點，然後介紹可解決問題的產品或服務，最後描述購買產品或服務後會得到的其他優勢。下次你看電視廣告時，可以留意一下概念的編排，很可能會發現「問題─解決方案─優勢」架構；在本書的第二部分將會有更多此架構的相關討論。

一位神學院的學生告訴我，許多神職人員的講道架構都是用「我、我們、祢、我們、我」。

開場會描述個人正在面臨的困境（我），接著將這種困境歸結爲所有人都會遇到的普遍化現象（我們），引用可以影響困境的神祇智慧或經書內容（祢），呼籲觀眾實踐神聖教誨（我們），最後解釋實踐教誨的行動或教誨本身會怎麼改變人生、解決原先的困境（我）。

**試試看**

花幾分鐘想想，你最喜歡的書或歌曲如何編排內容。你可以辨認出其中的架構嗎？加分題：聽一到兩場TED演講，看看你能否辨識出演講者使用的架構。

## 讓他們一直聽下去

爲什麼敘事結構對溝通會有這麼強大的影響力？身爲演講者和溝通教練，我發現用特定架構安排演講至少有四個好處。

第一，如同前面提過的，將資訊安排成一個有邏輯的故事，可以「讓觀眾保持注意力和興趣」。敘事架構可以對觀眾預告內容的走向，串連不同想法或呈現想法的轉變。教育歷史學家大衛·拉伯瑞指出：「故事有種驅動力，會勾起人的興趣。要聽懂一個有邏輯的論點需要一些知識，還要花費心力思考，但如果你可以把論點編得像故事，人們可能會比較有興趣了解。」

當導覽員時，我發現如果沒讓參訪者了解景點之間有什麼關連，參訪者比較容易迷路，轉而四處遊蕩。因爲無法連結看到的事物，他們的注意力會轉到自己好奇的事物，進而在那裡停留，或者因爲無法確定會看到什麼而擔心，以致沒能專心跟著我走。即興談話情境也會發生同樣的情況。如果想法之間沒有清晰的連結，聽眾就會看手機，轉去跟其他朋友講話或睡著。

有的人會在切換想法時用「然後」和「所以」，但這並不能讓他們想傳達的資訊有效連結成有邏輯的敘事。爲了遵循架構，我們會設法讓資訊之間的連結變得更明顯，而連接的方式往往是用一個句子。舉例來說，在「問題—解決方案—優勢」架構中，可能會有類似這樣的連接句：「現在我們已經知道要解決的問題是什麼了，那麼，請容我跟您介紹一個可以解決問題的簡單投資。」或「一旦我們開始使用這個解決方案投資，就可以節省成本和時間。」

最好、最有力的連接句通常會回顧前言，預示接下來會出現的內容，而且會完全符合我們一開始建立的大架構。請注意，即興談話時，我們不一定非得在一開始就直接說明整體架構，用比較婉轉的方式依然可以達到使用架構的好處。馬丁·路德·金恩博士的著名演講〈我有一個夢〉，有不少人認為是即興演講，其內容便是用「問題—解決方案—優勢」公式構成，但金恩博士從未對聽眾這麼說明。大家只聽到他靈活地切換類比和其他修辭方式，優雅地將想法組織成合理的敘事。

總之，無論你要說的話有多長、是否為即興談話，在一開始就給對話者某種路徑指示會是個好主意。用敘事架構來安排想說的話，即使在你突然受到矚目時，也能幫你更有效地整理想法。

## 增進記憶黏著度

在即興談話時，使用架構的第二個好處是，可以幫我們和對話者記得重要訊息。人類並不善於記憶，我們不太能一口氣記得七個以上的數字，更別提複雜的概念。大腦的設計會讓我們過濾掉大部分的體驗，只記得最重要的事情。有一位記者便曾寫道，遺忘「可能是大腦的預設模式」。我們傾向記得事件的梗概、忘光細節，科學家生動地形容這是「去蕪存菁」。

然而大腦的設計也會讓我們去尋找、享受、創造並記得有架構的敘事或故事。事實上，科學家將回溯過往事件的記憶稱為「情節」記憶，因為我們常會將資訊記成情節或故事。神經科學家大衛·伊葛門說：「大腦會創造故事來儲存重要的事。」為了形容故事的力量，伊葛門引用了《星際大戰》四部曲的最後場景：路克．天行者將炸彈丟進死星上的一個小洞，摧毀了死星。他說：「這就是故事對大腦的影響。故事像是一個小開口，我們會受小開口動搖，時而驚訝，時而歡笑，時而哭泣，我們會因此理解別人的觀點，或至少產生想理解的心情。當神經科學家說明人怎麼溝通、交流，他們在說的其實是故事的力量。」

當我們以有邏輯的方式將溝通內容組織成開場、中段、結尾，我們也在提示觀眾和自己應該怎麼注意和記得這些內容。一個關於學生課堂報告的研究發現，只有一些人會說故事，而大多數的同學都認爲故事比統計數據更令人印象深刻。課後調查顯示，百分之六十三的學生記得報告中提到的故事，但只有百分之五的人記得和數據相關的內容。

故事除了有助於我們記得抽象的論點或想法，也可以連結情緒，讓我們更容易記得事情。史丹佛大學神經科學家法蘭克．隆戈以神經科學的角度研究敘事的力量，推論說：「如果我的故事可以激發你的情緒，你會記得比較清楚，也會覺得比較有趣。情緒可以刺激專注的腦迴路。如果我是說故事高手，我就會設法刺激你的注意力迴路和記憶迴路，有一部分的手段就是引發你的情緒反應。」比起清單，說故事更能創造情感連結，進而轉變聽眾——讓他們改變心意、安撫或提振他們的精神，促使他們採取行動。行爲科學家珍妮佛．艾克表示：「最會說故事的人通常也能成爲最會領導的人。」因爲他們可以同時激發聽眾大腦中的理性和情緒反應。

由於架構有利於記憶，因此也會有利於散播溝通內容。雷蒙．納瑟是服務過許多科技圈名人的資深溝通顧問，經常幫創業家準備針對投資人的融資提案會議。在這些會議中，創業家必須介紹個人經歷和創業的背景故事。如果客戶只是列出一些不相干的事實，納瑟通常會建議改成有清楚開場、中段和結尾的敘事架構。他認爲，他們的故事應該要強調一連串高潮迭起的事件，最後收束於充滿希望的結局。

納瑟解釋，採用敘事架構的最大好處之一是「有利於複述」。和創業家一起開會的投資人往往不見得是有最終決策權的人，這個人可能還要回公司跟團隊介紹創業家的提案。如果創業家能說一個好故事，聽的人就會記得比較牢，轉述起來更容易，其他人也會比較容易記住。納瑟表示，在聽故事的人不斷轉述後，「一個故事會漸漸變成神話，因爲已經流傳了好幾個世代。」

最好的故事不只能傳遞資訊，還能賦予資訊激勵人心、啟迪智慧的意義。在這過程中，簡單的溝通會開始有自己的生命。誰不希望自己說的話有這種影響力？我就希望如此。

**試試看**

下次你想說服某人做某事或考慮某事時，試著採用納瑟的建議，把你想說的話組織成有清楚開場、中段、結尾的敘事。你可以在職場試著用這個方法說服老闆和同事做某些事，也可以在家試著讓叛逆的青少年改變行為。你說的故事可以在開場時指出一個問題，在中段增加衝突張力，最後用令人印象深刻的結尾點出你想說明的重點。

## 讓聽衆容易消化

除了可以幫助人們在溝通時更投入、記得更清楚，架構的第三個好處是「讓資訊更容易消化」。有一部分是因爲我們向聽眾指示架構的存在時，可以引導他們歸納所接收到的資訊。在研究這本書的內容時，我有幸與麥卡．凱羅交談，她是「天才班」（For Dummies）系列叢書的總編輯，也是《紐約客天才班》一書的作者。她提到，高人氣的「天才班」系列始終都用能清楚引導、指示讀者的編排格式，這系列的目標是爲讀者在「尋路」的過程中提供協助——所謂「尋路」是借用登山探險的詞彙——「同樣適用於學習時，讀者透過尋找資訊決定下一步行動的過程。」在即興談話場合的聽眾其實也在尋路。如果聽眾可以輕易在內容中尋路，他們也比較能理解你想表達的意思。

認知神經科學的研究也支持在溝通時導引聽眾的重要性。學者常談到「處理流暢度」，也就是大腦處理訊息的難易程度。大腦會花費較多力氣處理任意收集到的資訊，利用架構可以優化處理流暢度，因爲我們不必花太多力氣去理解單獨出現的資訊。神經科學家約瑟夫．帕爾維茲也指出，說故事在大腦多半以創造圖像的方式進行，處理起來會比抽象概念快。他說：「就像從騎腳踏車變成開保時捷。」當你想傳遞訊息時，會比較想用哪一種方式呢？

**試試看**

跟朋友分享你最近參加過的兩場活動。先列出兩場活動的特色，然後換用「比較—對比—結論」架構來強調你想講的話（先想想兩者的相似之處，再比較兩者差異，最後得出分析後的結論）。使用架構之後，你表達的內容在哪些方面變得比使用前清楚？

## 也幫自己的忙

架構既然會影響聽眾理解我們傳達的內容，自然也會影響到我們的思考，這裡就要談到第四個好處了。說話時採用的架構決定我們要怎麼思考說話內容。想像一下，在大學上文學課時，教授點名點到你，問你對上週指定閱讀的莎士比亞《暴風雨》有什麼看法。回答時你可以將《暴風雨》跟之前讀過的莎士比亞作品互相比較，這時就可以用「比較—對比—結論」架構來回答。

如果我們沒有用這個架構回答，可能就不會集中注意力思考兩個文本之間的異同，而是直接說出對《暴風雨》的想法，或是雖然想到可以指出兩個文本的相似之處，但不會縝密分析差異。使用架構也是在整理思考內容，讓我們遵守某種原則，將思緒集中處理主要論點，而不是隨意跳躍。這樣我們就能建立起有條理的想法，最後甚至有辦法談原本沒想到的。你可能以爲，就算套用架構能讓聽的人比較容易理解，對說話者而言還是很麻煩。其實正好相反。在即興談話中，我們有兩大問題要解決：**說什麼和怎麼說**。有了架構，就能搞定「怎麼說」的部分，同時也能幫我們想到「說什麼」，依循某種原則說故事時，就會很清楚說過哪一部分、接下來要講哪一部分，反而可以用更多心力思考要表達的內容。在即興談話時，會讓我們特別有信心，因爲不必再悄悄緊握拳頭，擔心講完現在這個論點之後就詞窮。有了路徑圖，就能知道自己會沒事的。

爲了示範搞定「怎麼說」後一切會變得有多簡單，我讓學生隨機選出想要我講的主題。我暫停思考大約十五秒，就可以用這些主題進行五分鐘的即興演講。在這十五秒中，我會選定一個架構，然後用這個架構粗略思考想要講的主題。根據主題內容和聽眾組成，我會思考要用「問題—解決方案—優勢」的說服性架構，或是「過去—現在—未來」的時序性架構，或是「比較—對比—結論」的比較性架構。看到我不費吹灰之力就講出東西，還能表達得清晰又有趣，學生都非常驚訝。雖然長年的溝通經驗給我許多優勢，但學生也因此明白，使用架構確實可以幫自己在毫無準備時，能很快地整合好想法。

學會流暢運用架構後，就可以開始發揮創意，增加表達的豐富程度。知道自己講到架構中的哪一部分，就可以試著在某些地方加以說明，或是探索不同的表達方式，完全不必擔心自己會離題。資深即興表演指導者詹姆士·惠汀頓指出，我們可能會臨時想要替換新想法、小故事、笑話等等，但因為我們同時也遵循既定架構，因此不必擔心會把話說得一團亂。

當然，我們不能只是為了創意而創意。惠汀頓回憶道，他有一位老師把即興表演比喻成在高速公路上開車：「一路上有很多交流道可以去探索，但下交流道不等同前往目的地。開長途車時可以繞去幾個小鎮上看看，但還是要記得回到高速公路上——不要在小鎮上買房成家。」使用架構表示我們不能一直開支線，或是任意延長支線，雖然隨意講任何想到的事是不可行的，但我們確實會因為架構得到自由發揮、試探聽眾反應的即興實驗空間。

## 瑞士刀型架構

假如你臨時接到通知，在幾分鐘後要代打缺席的同事報告，你會怎麼做？莎拉．齋德勒是一家製造業上市公司的行銷經理，她就曾遇到這種情形。那時公司正在舉辦大型視訊會議，介紹即將上市的新產品，彙報新計畫的進度，宣布近期的併購案。莎拉是活動承辦人員，必須確保不同部門的同事都在會議中順利報告。有超過兩百名與會者正在收看，包括業務代表、子公司代表、設計師、各級主管和高層主管。

所有報告的人都會事先把投影片檔案寄給莎拉。有一位同事預告說因爲有私人事務要處理，會晚幾分鐘上線，因此莎拉將這位同事的時段安排在會議後段。

到了會議當天，這位同事遲到了不只幾分鐘。莎拉緊張地注意著時鐘，快要輪到這位同事前，莎拉試著寄信、打電話提醒，可是沒有得到任何回應。

莎拉看了看同事的投影片檔案——同事打算報告最近正在進行的計畫，主要是某項即將上市的新產品，投影片內容大多用美觀的圖展現新產品的特色，文字說明得非常簡略。雖然莎拉對這項產品並沒有深入的了解，也不知道同事想在報告時主打哪幾項特色，但她還是很快決定要上場代打。

到了同事報告的時段，莎拉公布對方因爲家中臨時有事無法參加，然後開始她的即興演出。莎拉說：「我深吸了一口氣，帶著自信，開始概略說明投影片裡介紹的產品。」雖然是即興演講，但她不是看著投影片亂講，而是採用了我教她的架構：**「什麼—爲什麼—怎麼辦」**。

「什麼—爲什麼—怎麼辦」是我最愛用的架構，因爲簡單，而且適用於許多情境。開場時先介紹一個想法、主題、產品、服務或論點**（什麼）**，然後解釋爲什麼這個事物或想法對聽眾很重要或有影響**（爲什麼）**，最後呼籲聽眾利用方才得到的資訊，或是根據資訊採取行動等等**（怎麼辦）**。

在任何你想得到的即興談話場合，「什麼—爲什麼—怎麼辦」都能發揮作用，無論是在工作面試時回答問題，或是給朋友意見回饋。如果你仔細回顧這個章節，就會發現我就是用「什麼—爲什麼—怎麼辦」展開論述。簡短開場後，我首先描述了架構的定義**（什麼）**，然後談了使用架構的好處**（爲什麼）**，現在我正在談論大家關切的問題：要怎麼在即興談話中使用架構**（怎麼辦）**。我認爲「什麼—爲什麼—怎麼辦」是說話架構中的多功能瑞士刀，如果你的時間有限，只能學習、記得一種架構，就選這種吧！

莎拉使用這個架構的方式是，先根據同事投影片提供新產品的基本資訊和特色，然後說明這些特色和好處有什麼重要，最後說明大家接下來需要做什麼，好讓產品成功上市。多虧了這個架構，她在說話時得以保持專注和自信，同時也注意讓氣在每一句話結束時用完，避免結巴或說出填充詞。「我集中所有精神，表現出自信和謙恭的樣子，不停地把話講出來。大家都知道我不是專門負責這些項目的人，但他們很慶幸能聽到一些相關的新消息，並對此表示感激。」會議結束後，公司高層主管很讚賞莎拉，說她報告得很好，而且幫了大忙。因為有莎拉的報告，原本要報告的同事在歸隊後也得到了工作方面的肯定。

**經典的常用架構：**

**一、什麼—為什麼—怎麼辦：**

介紹主題，說明重要性，實際的應用行動。

**二、論點—原因—例子—論點：**

提出論點，敘述支持的理由，提供相關例子，再次強調論點作結。

**三、問題—解決方案—優勢：**

說明問題，提出解決方案，最後討論解決方案帶來的利益。

**四、比較—對比—結論：**

做比較時，先談相似的地方，再談差異，最後提出結論。

**五、情境—任務—行動—結果：**描述一個事件或敘述一個情境，討論面臨的挑戰及應對方法，最後說明分析結果。

## 練習使用架構

莎拉之所以能馬上進行這場即興演講，是因爲她很熟悉「什麼—爲什麼—怎麼辦」架構。看到一個主題，她會問自己一些相關問題——主題就是同事的投影片——然後用之前耳濡目染學到的資訊，或當下看投影片得到的資訊來回答這些問題。無論是爲了談論特定話題，還是想要在參加團體討論前有所準備，先熟悉一些說話架構可以幫我們更自然地應用它們。

在本書後半部，我們會進一步討論，在給予意見回饋、面對自由問答、道歉，以及發表敬酒感言等情境中，可以怎麼用說話架構。現在，我想先談談你可以怎樣更自然地使用架構。其實並不複雜，練習的流程包括**重複、反省、回饋**。光是讀資料無法學會一樣樂器，一定要實際去彈奏；同樣的，學習在即興談話時使用架構的第一步就是實作，一次又一次地透過說話練習。

準備媒體活動時，許多大人物會用不同方式一直問自己類似的問題，練習組織答案。你也可以利用線上工具來練習即興回答問題。例如，國際演講協會有一個生成問題的工具可以幫你練習回答。Google 也有一個工具可以隨機生成問題，幫你練習受訪情境。類似 ChatGPT 之類的通用人工智慧工具也可以生成提示詞，幫你利用「什麼—為什麼—怎麼辦」公式構思出自己的回答。

除了練習使用架構即興談話，也可以省思自己做過的練習，如果能用寫日記的方式會更好。在練習後，或者在實際對話中使用後，花幾分鐘想想哪些方法有用，哪些方法沒用，還有什麼地方可以改進。

我發現很多人都只注意沒做好的地方，不過就我自己觀察，知道什麼地方做得好也很重要。

請把省思變成日常生活的一部分——你可以在早上剛起來時做，也可以在通勤途中做，或是晚上睡覺前做。找出當天或前一天經歷過的一、兩次談話，分析自己的應對方式：你跟誰對話最容易？為什麼你們的對話會比較輕鬆、流暢？你使用了什麼架構？為什麼這個架構適用於當下？什麼情境讓你希望想法能組織得更好？是否有其他架構可取代你用過的架構，讓你說得更好？你是否有時並不確定其他人想要表達什麼？他們可以怎麼用架構表達得更清楚？

週末時，你可以回顧日記，看看是否有什麼規律。也許你可能會發現，在一天當中的某些時段，或是跟某位同事談話時，或是在某個場合中，使用架構來即興溝通對你來說會比較容易。想想為什麼會這樣，以及你還可以做什麼調整來讓下一次的即興談話變得更順暢。

自省很重要，其他人的觀感也很重要。你可以找比較直言不諱的親朋好友詢問意見。請教他們，你使用架構回答時有什麼優點或缺點。在尋求建議時，不要只問：「我說得怎麼樣？」因爲這種問法可能不會讓你得到坦誠的回答；可以換個問法：「你認爲我要怎樣才能說得更好？」

雖然我在這裡特別強調「什麼—爲什麼—怎麼辦」架構，但你可以練習書中提到或在其他地方學到的所有架構。你也不必一看到新的架構就急著練習，這是沒必要的；先針對你最常遇到的即興談話情境找兩到三種架構，然後集中精神先練這幾種就好。可以挑一、兩種通用型架構來應付大多數的情境，例如「什麼—爲什麼—怎麼辦」或「問題—解決方案—優勢」，然後再根據最常見的特定情境多練兩種因應架構。

**試試看**

下次閱讀新聞或書或其他文字後，花幾分鐘用「什麼—為什麼—怎麼辦」公式來構思一段話。這段文字在講什麼？為什麼讓你覺得重要或跟你有什麼關係？這段文字會讓你想做什麼？這項練習可以幫你整合思緒。如果學會整理思緒，到了下一步，也就是整理想說的話時，你會更駕輕就熟。

## 為即興做準備

如果過去十年有在關注政治辯論的話，你可能會注意到凱倫．鄧恩，她是知名律師，也是經驗豐富的政治溝通專家，曾幫好幾任總統候選人準備政見辯論會。在研究這本書的內容時，我曾有機會請教鄧恩，要怎麼做才能在辯論會這種高壓的即興演講場合有好表現。她直接回答：要準備。

鄧恩指出，雖然辯論是無法打草稿的即興演講，但其實主題很容易預測，因此事前練習會很有幫助。她說：「會談論的主題和對手會從哪一方面進攻通常都很好猜，所以如果可以先預判主持人問的問題，基本上就猜得到對手會怎麼做，也就可以練習最有效的互動方式。」重點不在於有沒有打草稿，或是有沒有背下要講的內容，而是要爲可能發生的意外事件準備應變方案，練習你可能會用到的論點，可能會說到的故事，想想可能會有效果的金句。

在歷任總統候選人辯論會中出現過的金言，例如一九八八年的副總統候選人辯論會當中，勞埃德．本特森對丹．奎爾說的經典名句：「參議員，你不是甘迺迪。」——大多都是事先想過的。參與辯論的人不會知道什麼時候可以說出金句，但他們會預想，在哪些情境中能用上精采的反擊或適當的笑話。由於對話走向容易預測，正副總統候選人通常會投入大量練習時間準備辯論會。

他們會讓博學多聞的人模仿辯論會的對手，進行實戰演練。他們不會為每個可能出現的問題寫下答案的逐字稿，但他們確實常常思考可能出現的主題，也會把想表達的想法或論點想透徹。

鄧恩並非唯一強調準備即興演講很重要的溝通專家。雷蒙．納瑟也說他會建議客戶事先「囤積故事」，想想他們或許能在特定場合用上的有趣軼聞。他認為，有沒有逐字背下故事不重要，這麼做只是建立「故事目錄」，以便他們在高壓場合揮灑自如。納瑟訓練的知名科技業高管會先準備一些故事，搭配場合需要使用。他的其中一位重要客戶並不是天生口才好的人，經過訓練後進步許多。此人記下許多自己的人生故事與知名歷史人物的故事，而這個故事資料庫「令他安心，因為他很快就可以回想，然後說出來，而且他知道大家會喜歡。」

如同前面的章節提到，即興談話時如果準備得太多，並強迫自己完美演出，效果就不會好。可是就算不背稿，我們還是能有所準備。事實上，我見過最好的即興談話者都會準備，而且花費不少心力積極練習。他們會練習克服焦慮的方法，準備讓自己冷靜下來的工具箱，也會練習傾聽和自我覺察的方法；還有如同我在這章所建議的，他們會運用幾種強大的架構，讓自己可以在特定場合清楚表達，指引聽眾投入並記住內容。

日常生活的即興溝通往往無稿可讀，但就像政見辯論會，也並非完全隨機。我們還是可以預判自己的感受，想想常遇到的情境和說話場合會需要我們做什麼、聽眾可能會希望聽到哪一類的內容、我們可以怎麼把這些內容講得更吸引人。熟悉架構的應用後，這項技能就會跟前面其他章節提到的方法相輔相成，在真正重要的場合讓自己有發光的機會，甚至可能會出乎意料地發現：即興說話很有趣、很美妙。

## 小練習

一、想像一下有觀光客造訪你所在的城市，而你要介紹幾個他們可以去的地方。首先列出三到四個景點，然後把這些資訊整理成你的個人體驗故事，向他們介紹這些地方。

二、「故事接龍」是即興表演界常用的課堂活動，你也可以用這個方式來練習把資訊串成故事。請填充以下提示詞，設計一個有人物、時間、地點的情境：

- 從前從前……（插入人物和地點）
- 每天……（描繪日常生活）
- 可是，有一天……（插入事件）發生了

．因此……（插入另一個事件）也發生了

．因為……（再插入另一個事件）發生了

．……（加入更多事件）

．直到有一天終於……（插入最後的行動）

．從此……（插入發生的改變）

利用這個格式創作兩、三個故事。你開始抓到說故事的感覺了嗎？常做這個練習，當場想一個故事就會變得更容易。

三、利用我在這章提到過的軟體來生成問題，練習使用架構。你可以從前面列出的五種經典架構中選擇一種要用的架構。

# 第六章　即興談話中不能說的祕密——關注

別讓人聽了老半天都抓不到你的重點。讓他們的注意力集中在最重要的地方。

無論是在正式演講場合或即興談話場合，最好、最強而有力的溝通內容都能讓聽眾保持「關注」。聽眾可清楚、完整地接收到講者想傳達的訊息，沒有模糊的贅字讓他們分心，也沒有過於密集的特殊術語讓他們無聊，更沒有太冗長的內容浪費他們的時間。

想想蘋果的史蒂夫·賈伯斯當年怎麼向全世界介紹革命性新產品 iPod ——那正是透過精心策畫獲取高度關注的經典案例。二〇〇一年，在蘋果公司總部視聽室舉行的產品發表會中，賈伯斯大可一上臺就介紹 iPod 的種種特色——簡約的外型、輕巧的重量、方便的螢幕、驚人的容量等，可是他沒有；他提供的所有訊息可以用短短一句話總結，卻足以令消費者目眩神迷，並記得蘋果新產品的特色：「放得進口袋的一千首歌。」

當時，大多數的音樂愛好者都用 CD 儲存音樂，攜帶起來很笨重；那時也出現了 MP3 播放器，但儲存容量相當有限。「放得進口袋的一千首歌。」後來成爲蘋果的主打文案，光是短短一句話就達到好幾重目的：提醒消費者發現聽音樂有多麻煩，讓他們注意到 iPod 從競品中脫穎而出的實用價值。後來 iPod 變得非常受歡迎，革新了我們聽音樂的方式，也帶動了 Podcast 的興起（這點我非常感謝）。

我希望日常生活裡有更多話語可以像這句神奇文案一樣，簡單扼要、充滿意義。有多少次，你在酒會中跟人聊天時發現，一個小八卦的背景故事長到讓你忘了原本對方想講什麼？又有多少次，公司主管回答問題的方式含糊得令你摸不著頭緒？還有多少次，你跟同事、客服人員、朋友或其他人交談無法切入重點，因爲有人意圖用繁瑣的藉口逃避責任，或用複雜的背景資訊來彰顯權威，或只是爲了想說話而說話？

當我們講話缺乏重點，自己不見得會意識到，但其他人會。

我的公司曾受僱擔任一位遊戲公司創辦人的溝通教練。在一場新品上市前的預熱宣傳活動中，有個讓創辦人接受提問的時段，其中一名聽眾問到公司最近在各產品中移除的某項功能，結果創辦人說了二十分鐘，談了公司對這個技術細節有什麼想法，還有工程師的各種處理方式。

他回答得很認真，內容很豐富，甚至有個清晰的架構，但很不幸的，他所傳達的資訊只有一小部分人關心，無法觸及在場大多數的目標群眾，結果很多人只聽幾分鐘後就沒在聽了。這位創辦人當時沒意識到，應該要將說話內容集中在大多數聽眾想知道的資訊，盡量以他們會感興趣的方式回答問題；如果他有注意到這點，就會像這樣更簡短地回答：「對，我們的新遊戲會有這項功能。」

想要在說話時獲得高度關注，不需要成爲像史蒂夫·賈伯斯之類的溝通天才，也不需要事先將每一個字句都琢磨到「剛剛好」。就像使用架構那樣，只要好好練習並培養技能，我們都能在即興談話時成功吸引聽眾。跟客戶和學生合作的許多經驗讓我發現，「吸引人的話語包含四個面向」：**精確、共鳴、易懂、簡潔。**練習加強這幾個面向，你就能與聽眾建立更強的連結，讓他們更投入，並傳達令人印象更深刻的話語。

## 面向一：「所以，重點到底是？」——精確

**・摘要：有了明確的溝通目標，就能影響認知、感受、行動**

如果話語不夠精確，沒有依據特定呈現效果或影響力剪裁內容，就不可能吸引關注。如果做得到說話精確，表示我們知道自己想透過說話達到什麼目的，並為了這個目的思量話語內容。問題來了：我們的目的是什麼呢？很多時候，我們只有模糊的感覺，或只知道一部分，因此常常很難決定什麼該說，什麼不該說，以至於聽眾常常聽到恍神、困惑，或無聊到忘記我們在講什麼。

很多人思考溝通目標時，在意的都是想告知的訊息或想表達的想法，也就是自己想說的話。然而，我們想讓聽眾知道的事只是溝通目標的一部分，還必須考量想讓聽眾體驗到什麼感受，希望讓聽眾採取什麼行動。所謂的溝通目標，不單單是我們想說的話，還包括我們希望話語造成的影響力。

學會清楚表達溝通目標的三個面向，也就是認知內容、感受、行動，會非常有用：聽眾可以

更容易理解我們想傳達的意思；身爲講者的我們則可以輕易適應所有場合，就算是會讓人翻車的災難性場面也能過關。

一般人設立溝通目標時，往往會忽略情感的部分，也不太會明確表示想看到什麼行動。所以在此先思考關於情感的溝通目標。如同在第五章提到的，故事比較容易留在記憶中，大腦處理故事比其他資訊快，因爲故事可以觸發情緒，讓資訊產生意義，這是統計圖表和清單做不到的。行銷人也很清楚情感的力量。如果他們能讓消費者產生情感連結，消費者會買得比較多，對品牌也會比較忠誠。根據諾貝爾獎得主丹尼爾．康納曼在經濟行爲學方面的研究，行銷學教授巴巴．希夫推論：「我們大約有百分之九十到九十五的決策和行爲，都是由情緒腦機制無意間造成的。」一項研究顯示，消費者如果對公司有高度情感認同，他們貢獻的業績會更多，比只是滿意產品的消費者還多百分之五十以上。

你應該會發現，在上一段文字中，我做的事跟我的建議矛盾：我試著說服你，在考慮溝通目標時要多注意情感面向，但我說服的方法卻是訴諸於理性，給你看的都是數據和科學研究資訊。請讓我修正一下。想像一下你坐在公司會議室。時間是週五下午快五點，你巴不得趕快下班，但你還得撐過這一天的最後一場會議。負責報告的人是你的主管，報告的重點很簡單，就是團隊應該抓緊某個大行銷機會採取行動，但主管在投影片中用了一堆圖表。當他慢慢地一張一張解釋投影片內容，你的耐心大概也漸漸消磨殆盡。這時有人問了一個問題，主管隨即「又」引用了更多數據和合理的論點來支持自己的說法。你努力不讓自己睡著或亂動，同時內心升起一把無名火，忍不住默默吐槽：這干我什麼事？我知道這個要做什麼？這都是因為主管沒有釐清溝通目標，沒有人知道他希望大家接下來做什麼。

用這種有情緒、有故事的方式來表達我的論述，是否比先前充滿數據和權威論點的段落更有說服力？

除了資訊和情感以外，我們還得考量行動。讓聽眾得知我們想傳達的訊息時，我們往往不會清楚表達希望他們在那之後採取什麼行動。幫創業家準備自由問答時，我常看到這個現象。他們大多都很清楚自己想說的資訊（例如公司願景、亮眼的業績表現、未來發展機會等等），也明白自己希望聽眾有什麼情緒反應（通常是對公司產生好奇和感到振奮），可是他們不見得能說出希望聽眾採取的行動。創業家會跟我說，希望大家「支持」他們的事業。但具體而言是什麼樣的支持呢？投入資金？在社群網站上追蹤他們？希望聽眾幫忙做口碑？如果他們沒想清楚，就無法微調說話內容，有效地引導聽眾依他們的期望行動；然後也會覺得很難即時回應突發問題，而且即興回答的內容無法連貫。

如果想增進即興談話能力，先在心裡釐清溝通目標會很有幫助。當你要進入一個可能需要即興談話的場合，可以先花幾分鐘想想以下三個問題：

- **你希望大家知道什麼？**
- **你希望他們有什麼感受？**
- **你希望他們做什麼？**

想想你會怎麼衡量成功溝通。聽眾有辦法理解你說的一連串想法嗎？你會看到他們表現感受的訊號嗎？聽眾會給你特定數目的金額，或是依你期望採取特定次數的行動嗎？

即興談話之後，花幾分鐘評估溝通有多成功，你可以將結果跟說話前設立的目標互相比對。三個溝通目標都有達成嗎？爲什麼能或不能達成？下次可以怎樣做得更好？這樣的練習多做幾次，你就會習慣在參與社交場合前抱持更明確的企圖心，並在那之後更積極分析自己的行爲表現。

**試試看**

回想最近一次的即興談話經驗。你那時希望對話者知道什麼、感受到什麼、採取什麼行動？你傳達的訊息有符合這三個目標嗎？

## 面向二：「干我什麼事？」——共鳴

### ・摘要：專心講對方在乎、有共鳴的事

傳奇創業家吉姆．庫克是手工精釀啤酒的先驅者，代表作是波士頓精釀啤酒，而他對銷售也有精確的看法。波士頓啤酒公司剛起步時，他和合夥人會去附近的每一家酒吧推銷，有時會成功，但更常以失敗告終。回顧創業歷程，庫克提出自己堅信的「銷售黃金法則」：「不利於客戶長期利益的事，千萬別叫他們做。」

庫克說，這項法則的內涵是對消費者的終極關心。「做生意應該要秉持類似佛教理想的無私精神。如果你像我們一開始就這麼做，人生會好過很多。與人建立互相信賴的忠誠關係之後，當客戶從這段關係獲益時，你就能賺到錢；更重要的是，你會對銷售感到自豪，因爲你也是在爲其

他人的成功盡一分力。」為了以無私的方式銷售，你得先努力了解客戶和他們在意的事。庫克建議：「要花時間傾聽並了解客戶的需求。在眞正了解他們做事的緣由之前，你沒辦法改變他們的信念或行爲；這時候去說服他們，只是去吵架，你不會贏的。」庫克回想起自己每次去酒吧推銷時遇到的挑戰。他必須在三十秒內觀察遇到的人，還有酒吧的經營概況。只有在那時候，他才會想到要怎麼推銷產品。如果他看不出波士頓精釀啤酒符合酒吧的需求，有利於他們的生意，就不會花費太多力氣推銷，而是繼續前往下一家酒吧。

## 試試看

有個廣為人知的即興表演遊戲叫「賣某物給某人」。參與者要任意找一樣產品或服務，賣給隨機挑選的某一類人。產品可以是馬桶吸盤、鋼琴，買家則可以是某種職業類型，例如警察、馬戲團小丑、幼兒園老師。具體玩法是參與者要花一、兩分鐘賣馬桶吸盤給警察，或是賣一架鋼琴給馬戲團小丑。這個遊戲幫我們練習想像其他人的想法，並根據他們的需求調整我們的溝通內容。現在試著挑三種產品或服務，每一種各挑一類人來推銷。

## ・創造共通點

最能引起關注的強力訊息，通常是聽眾認為跟自身有關的訊息。這些資訊直接對應到聽眾的身分、欲望和需求，不知不覺中回答了大家聽人說話時會想到的問題：「干我什麼事？」

在即興談話場合中，我們常忘記把聽眾放在心上，說話很容易離題。因爲自己熱中於某些話題，總以爲聽眾對於我們想說的事也有基本程度的興趣。於是關注著自己想講的事，完全沒想到要用什麼方式把訊息包裝成聽眾想聽或需要聽的話。爲某個想法辯護時，會一口氣說出一堆自己覺得很重要、很深刻的論點；在討論我們很有感觸的話題時尤其如此。我們會忘了問：這個話題的哪部分可能會讓聽眾覺得重要、深受震撼或心有戚戚焉？推銷產品或服務時也是如此：我們會列舉很多特色或功能，但不會解釋這些產品會怎麼解決客戶面臨的重要問題或挑戰。

爲了讓你的即興溝通更容易引起共鳴，要習慣把聽眾和他們的需求放在心上。這件事是可以立即做到的。如果有人突然問你一個問題，停個幾秒問自己：「這個人是誰？爲什麼要聽我講的話？我要怎麼講才會讓這個人覺得切身相關／興味盎然／情況緊急？」

如果你要前往的場合可能有即興談話的機會，可以事先花點時間準備一些基本問題。你甚至可以依據簡短的小研究來進行稍微積極一點的分析。以下是你可以參考的問題：

**一、要怎麼向特定聽衆表達話題中我認爲最重要或最有趣的部分？**
**二、聽衆對我想講的話題有多少了解？**
**三、聽衆對我和我的話題可能有什麼印象？**
**四、有哪些話題領域可能引起抗拒、疑慮或猶豫？**
**五、什麼事會激勵聽衆？**

舉例來說，你參加一位好朋友的婚宴，這位朋友在一個對你來說很陌生的城市成長，你跟他的家人不熟，也沒見過他的另一半的家人。但你知道這位朋友成長的社群很重視宗教信仰傳統，也很尊敬長輩。因爲你們交情深厚，在這持續數日的喜慶活動中，你覺得很可能會有人請你致詞祝福這對新人。

在你思考要講什麼話時，可能會想到前面提到的問題。由於大多數人不認識你，首先你得花一點時間來介紹自己和朋友之間的關係。然後你也需要想想你的聽眾。或許你已經從朋友口中得知，他們的文化習慣在這種場合表達對長輩的敬重，因此你也會想到要說一、兩句話向朋友的雙親致意。當然，因爲敬酒時要對許多年齡不同、交情深淺不同的人說話，說笑的尺度必須小心拿捏，以免造成尷尬：聽眾可能會覺得什麼樣的言語不恰當，是必須謹慎看待的問題。最後，你知道聽眾都是因爲愛你的朋友才來到現場，所以你可以說一、兩個可愛的故事來表達你對朋友的情誼。

在突然被叫起來致詞時，你會覺得曾花幾分鐘想這些事超級值得。雖然你不見得會講得很完美，但比起沒事先想過的情況，你思考過的訊息對聽眾會更有意義，讓他們更有共鳴，也比較不會得罪人。再說，如果你在思考這些問題時發現不知道答案，你也可以先設法多了解聽眾，比如跟朋友稍微多聊聊他的家族成員。

還有另一個方法可以創造共通點，讓聽眾對你的想法產生共鳴：刻意勾起好奇心或營造衝突感。假設在視訊會議中，主管問你，你的團隊可能會怎麼處理某個產品的升級版，這時你覺得爲難，因爲你知道這個產品已經收到了一些負評。但與其逃避現實，不如把這種場合當成機會。回答主管問題時，你可以先回報三到四個出乎意料的顧客評價，先引起主管和其他與會者的好奇心。聽到這些評價，你的聽眾可能會想：爲什麼會有這樣的評價？我們要怎麼應對比較好？還有機會可以改善或擴充產品嗎？如果你回報的都是負評，這時大家可能會開始爭論，不過你可以提醒大家當下要處理的優先事項是：「我們怎麼解決這個問題？」讓緊張的氣氛轉爲充滿好奇。提出這個問題會製造一種急迫感，因爲你的回應讓大家發現，主管問的「團隊可能會怎麼處理某個產品的升級版」，其實是跟大家有關的有趣問題。

**試試看**

下一次進行即興談話時，試著勾起對話者的好奇心，讓他們覺得話題跟自己有關且急迫。如果有人臨時問你一個問題，可以先指出你回答時真正想處理的潛在後果或挑戰，營造一種不確定感，然後再回答原本的問題。如果沒有人問你問題，但你想提出想法，可以先自己提出問題然後回答，勾起其他人的好奇心。例如，你臨時起意想分享一種新產品的資訊，你可以問：「我們真的要支持市面上現有的兩種產品嗎？」

## ・化抗拒為好奇

以上例子也告訴我們，思考與聽眾的共通點時，也需要考量到聽眾會心生抗拒的地方。此外，我們還可以修飾言語，盡量避免惹惱聽眾，緩和衝突。「如果你開始想著別人會怎麼抗拒、要怎麼化解，你真正要思考的其實是別人的防衛心。」社會心理學家兼史丹佛商學院教授札卡里・托馬拉如此提出他的觀察。因此我們的挑戰其實是降低別人的防衛心。「所以如果你採取的方法更具開放性、包容性且讓人樂於合作，其他人通常比較不會抗拒，然後你就有機會說服對方，或至少可以找到迴旋空間。」為了展現開放、包容的態度，我們可以透過提問找到共通點，像這樣：「在討論要怎麼達成目標之前，我很好奇你對○○○有什麼想法。」

我們爲尋找共通點多花費一分努力，聽眾對我們說話內容的認同度就可能會多一點。現實情況是，聽眾注意和關心的事物都是以自身爲出發點。即使他們看起來被你的即興演講所感動，這一點仍然不變。雖然訪談者會好奇你的回答，同事會找你問意見回饋，聽眾在喜慶場合想要聽你講敬酒感言，但他們還是有可能分心、沒注意聽你講話，除非你講的內容對他們很重要，有根據他們的需求好好調整。在溝通時多想想「干我什麼事」這個問題，你會發現聽眾會更在乎你說的話，並關注你所準備的訊息。

## 面向三：「為什麼這件事這麼複雜？」——易懂

### ・摘要：避免使用專業術語和簡稱，讓你講的話更好懂

我們在即興溝通場合最常犯的一種錯誤是過度溝通。我們已經知道觀察環境、事先思考觀眾的需求很重要，另一件同等重要的事，是讓我們講的話更容易理解。在我們進行重要談話時，複雜難懂的內容可能會妨礙對話。

有時對話聽起來複雜，是因爲有人想要彰顯自己的專家地位。很多時候我們可以說那是「知識的詛咒」：因爲我們太了解自己的專業，不自覺地以爲其他人也知道，以至於講話時使用了許

多專業術語，沒料到聽眾（或者說大多數凡人）其實都聽不懂。另外還有「熱情的詛咒」：一講到特別熱中的話題，就會喋喋不休，把所有知道的事情都講出來，同時假設聽眾也會喜歡。

然而把話講得複雜難解通常要付出代價，即興談話場合尤其如此。如果我們講的話太複雜，聽眾就會因爲困惑而分心。很多時候，這些難懂的話會造成我們與聽眾之間的鴻溝——讓他們覺得自己是低下的普通人，在聽高尙的專家講話，有聽沒懂還不如不聽。最後這會讓我們的溝通比預期更花時間，聽眾可能一時間難以消化過大的資訊量，或是因爲太無聊而開始做自己的事。

當你意識到這種雞同鴨講的情況是社會普遍現象，而大家一再任由這種情形發生，就會開始覺得這一切很荒謬。幾年前，我幫美國軍方人員辦工作坊時鬧過一個笑話。那時我正在解說複雜的詞彙、術語和簡稱在溝通時造成的危害，一位軍官舉手說，他和同事不覺得常用術語有什麼問題。我大吃一驚，同時觀察到，我待在他們身邊的時間不長，卻已經聽到許多聽不懂的簡稱和術語。他說：「因爲我們有一隻羊可以用。」

我完全聽不懂他在講什麼。「一隻羊？所以你們會殺羊，然後大家就會莫名其妙懂所有的簡稱？還是你們會把所有簡稱寫在羊身上，然後用這個方式背起來？」

他解釋說他指的是 GOAT，不是眞的羊（goat）。所謂 GOAT 就是「簡稱和術語的詞彙表」（Glossary of Acronyms and Terms）的縮寫。顯然，所有剛加入團隊的新人都會得到一本

GOAT，以便了解同事在講什麼。也就是說，這個職場使用的簡稱、術語和複雜詞彙很多，因此他們必須另外編一本手冊來解釋所有詞彙，就連手冊的名稱也是用簡稱。他們似乎沒想過可以用另一種更便捷的解決方案：捨棄所有複雜詞彙，這樣無論是平時的即興溝通或正式溝通都會更好懂。

TED演講的標準長度是十八分鐘。策展人克里斯．安德森說，這個長度「夠短，足以抓住觀眾注意力，包括線上觀眾，並保有讓人認眞看待的精采；另一方面也夠長，足以讓講者表達眞正重要的事。」後來我們也發現，講者不見得會用到整整十八分鐘。《眞確》的共同作者漢斯．羅斯林是備受讚譽的TED演講者，他在二〇一二年示範了在一分鐘內抓住聽眾注意力，同時「表達眞正重要的事」。而且你知道嗎？那是沒背稿的即興演講。

在標題爲〈漢斯．羅斯林最短的TED演講〉（Hans Rosling's shortest TED talk）的影片中，羅斯林指出在未來數十年會越來越迫切的全球議題：貧富差距與人口成長互相加乘之後帶來的挑戰。當時全球人口是七十億人，他拿了七顆石頭，每一顆代表十億人口。他把一顆石頭放地上，代表有能力出國旅遊的富裕人口；接著又放一顆石頭在地上，代表有能力買車的另外十億人；然後放三顆石頭在地上，代表只能存錢買腳踏車或摩托車的三十億人；最後又放兩顆石頭，代表辛苦存錢只能買一雙鞋的二十億人。

擺好石頭後，羅斯林指出，在未來數十年，全球人口會變得越來越富裕。他認爲財富階級較低的人口會向上移動，同時石頭也移動到新的位置——有能力搭飛機出國的還是十億人，買得起車子的變三十億人，另外三十億人則有能力買得起腳踏車，只有少數人窮得只買得起一雙鞋。然後他又加了三顆石頭，表示全球人口很快就會成長到一百億，而所有人都想爬到財富階級的最高兩階，過富裕的生活。

他爲這個簡短演講下了一個發人深省的結論：「問題是，原本處於富裕階層的人，是否準備好要融入這個有一百億人口的世界。」一個重要的洞見幾十秒就講完了。最後羅斯林笑著宣告：「這是我說過最短的 TED 演講。」

羅斯林大可引用各種事實和數據，或提出一堆知名經濟學家和專家學者的名字，或是指出經典的人口成長理論，或是摻雜一些晦澀的學術詞彙，像是「粗出生率」「倍增時間」「推拉假說」等等。然而他的聽眾都不是相關領域的專家，如果他這麼做，聽眾只會出神、抓不到重點。羅斯林立即獲得高度關注的訣竅在於，他不僅讓聽眾覺得主題跟自己切身相關，還盡可能讓說話內容清晰、易懂。

我們並非人人都是表達天才，但一步一步練習也能改善口條，讓我們把話說得清楚明白。賈斯汀・凱斯勒原本是文學學習指南網站 SparkNotes 的總編輯，後來創辦了廣受歡迎的文學學習指南網站 LitCharts，同時也領軍同一性質的另一網站 CliffsNotes。他認為，這類網站的目的並不是要簡化複雜的長文學作品，他們真正想做的是分析、解釋文學作品的主題內涵，讓大眾可以更輕易理解、欣賞。同樣的，我們也可以把自己當成譯者，將複雜的想法轉譯成更好懂的內容，讓所有人都能理解。也就是說，只要好好練習轉譯，我們就可以很快傳達比較吸引人的訊息。

想要減少使用術語，我們可能要養成習慣，常常從其他人的角度思考。在開口說話前，或是當我們預期自己可能會有即興談話的機會前，可以先想想在場的聽眾，還有他們對某些話題的理解能力。當我跟家人解釋新科技時，我會用在我們家稱為「祖母測試」的方法。我的老母親並不熟悉最新科技產品，那麼我要怎麼用最少的術語、最少技術相關細節的描述，才能讓她確實明白我要講的東西？即使我不是要向母親解釋，還是可以用「祖母測試」，確保沒有複雜且無用的內容會把聽眾搞迷糊。

如果你不確定聽眾的理解能力，可以快速做個小調查。眾所皆知，玩具廠商樂高附的使用說明手冊總是非常簡單易懂，全世界的小孩無論能不能認字，都能依說明手冊做出想做的東西。樂高設計師安東尼．戴爾比告訴我，他們公司對「什麼年齡層的孩子能夠理解什麼樣的知識，有非常透徹的研究和了解」。他們會利用這些知識來做決策，例如說明手冊一頁要展示幾塊樂高積木，或是哪些積木要用什麼顏色。公司會將這些知識細緻地傳授給員工，並要求員工先接受一年的訓練才能寫說明手冊。

在即興談話場合中，我們通常不會這麼了解即刻要面對的人。但如果能事先多了解一點會很有幫助，比如：他們對特定詞彙或概念有多熟悉？他們能集中注意力的時間有多長？他們喜歡怎樣接收訊息？諸如此類。如果你要參加具專業性質或與職場相關的場合，跟主辦人或相關公司的員工先稍微聊一下，應該就可以得到這類資訊。如果可能的話，你也可以先上網查一查該公司在網站上使用的語言風格，或是看看公司主管或代表在公開場合及網路上的發言內容。

建議你每隔一段時間就檢視一下溝通方式，確認自己講話時不會用一堆簡稱和複雜細節讓人當機。如果你剛參加過會議、酒會，或其他有即興談話的場合，花幾分鐘回想一下進行過的對話。你是否用了任何術語？在傳達訊息時，你是否花很多時間解釋分析想法？

你可能會抗議，工作或興趣本身就需要你跟人講一些複雜的概念，或特定領域的思想。你還可以怎麼做呢？就如同你會爲了即興談話場合事先準備故事一樣，也可以事先思考一些策略來切入某些複雜概念的核心，把概念變得更易懂。舉例來說，在解釋時可以用巧妙生動的類比；如果你剛好站在白板前，也可以用簡單的圖示來表達核心概念；此外，你還可以把一個大概念拆解成幾個比較好懂的基本概念——這也是凱斯勒在創辦 LitCharts 時用的方法。

順帶一提，拆解的方法可以很有效地幫聽眾理解你的說話內容。一般人如果聽到沒興趣的對話，通常只會記得剛開始聽到的部分，剩下的都不會放在心上。拆解概念等同於幫對話創造好幾個起點，這樣可以讓聽眾保持專注，有助於他們記得更多內容。

還有一個特別重要的方法可以事先考慮——**最重要的資訊放在最前面**。記者用「別把線索埋起來」來形容這種方法，意思就是，寫報導文章時先用簡短的字句寫新聞的重點，然後再帶出新聞的相關細節。在軍中，這種寫作方法稱爲BLUF（對，縮寫……我知道）：摘要先置（Bottom Line Up Front）。用這個方式組織資訊，可以讓接收者迅速掌握重要訊息，省去爬梳細節的麻煩。（你有注意到這一章提到的四個面向都採用這個寫作方法嗎？）在會議前練習用「摘要先置」的方法傳達訊息，當你需要臨場發揮時，就更容易吸引聽眾注意力。這個方法也有助於你思考：「我真正想說的是什麼？」在即興談話時思考這個問題，可以幫你釐清表達想法的優先順序。

**試試看**

想想你最常用的簡稱、術語或行話。在接下來幾天當中，留意一下你會在什麼時候用這些詞彙，並思考是否有其他更好懂的同義詞可以用在對話中。給自己一個「術語挑戰」，看看能否一整天都不用這些特殊詞彙。

# 面向四：「為什麼要講這麼久？」——簡潔

## ‧摘要：俐落才好

我太太在讀教養書時學到一句口訣，處理小孩的問題時，她也會用來提醒我：「話越少越好。」我請小孩做他們不想做的事時，往往會解釋理由給他們聽……解釋一次，一次，又一次。我太太只會簡單地告訴他們要做什麼——「七點跟我們一起吃晚餐」「把房間打掃一下」——她很少解釋，甚至乾脆不解釋。她發現，話說得少一點，可以減少孩子反抗或討價還價的機會；衝突可以更快、更有效率地解決。我們的家庭生活變得更和諧了。

我太太似乎做對了什麼。神經科學家約瑟夫‧帕爾維茲告訴我，簡潔的訊息比較容易接收，因為大腦可以用少一點處理系統消化。少說一點話通常可以讓我們跟聽眾有更好的連結，也比較容易維持注意力。在這個注意力難以持久的時代，聽眾對於長訊息沒什麼耐心。因此我們得問自己：我們說的每一個想法、每一句、每一字眞的都有必要嗎？或是我們可以更快、更有效率地傳達更簡單易懂的概念，而聽眾依然能聽得明白，而且有共鳴？

事實上，如果善加利用我們所處的情境，溝通所需的內容也可以有效減少。跟朋友去圖書館或博物館時，我們不必特地告訴朋友「小聲說話」——因為大家都知道要這麼做。同樣的，參加葬禮時，我們也不必告訴同行者要保持肅穆，輕聲細語；那裡的環境氣氛本身就包含了社會規範。

得獎漫畫家希拉蕊．普萊斯每天連載的單格漫畫《跟橙子押韻》，都是依賴圖像情境和一點點文字來說故事。畫格裡的每個物件——雲朵、灌木叢、家具等等——都爲了傳達訊息而精心設計。每一個文字也都有其重要性。她說：「就是要盡量用越少字越好，讓整個畫面說故事。如果『蘋果』可以用圖像呈現，就不必寫出來。」

創作時，普萊斯會先在作品中放較多字，然後在修改時逐步精簡文字內容。她也會盡量把資訊量降到最低，讓讀者有自己聯想的空間。她觀察到，讀連環漫畫的樂趣主要來自於推敲出圖文的意義，或是像她說的「從不知道變知道」。當然，她也不能給太少資訊，否則讀者會看不懂。所以，她成功的祕訣就是找到簡潔和清楚表達的最佳平衡點。她認爲要做到這點，只要給出百分之四十九的資訊就好，讀者可以從搭配的圖像自行塡補想像剩下的部分。

她常常會簡潔地描繪事件發生前的某個場景，讓讀者自行推理之後會發生的事。

她說：「看到我朝你潑飲料，或是看到我正要朝你潑飲料，哪一個會比較有趣？」當然是後者，如此一來，就沒有必要呈現飲料潑出來的畫面，或是畫中角色之後的反應。希臘古諺有云：「言簡意賅是智慧的精髓。」（就好比我們現在常說的「少即是多」）在普萊斯的世界，言簡意賅則是幽默和娛樂的精髓。而這也啟發我們：善用環境脈絡，盡量用最少的資訊量來清楚表達意思，並堅持這點。

在被迫發言時注意自己的回應方式，也會有助於避免長篇大論。《紐約時報》編輯格倫．克拉蒙通常會建議寫作者大聲讀出稿子，看看還有沒有可以精簡的地方。在說話方面，可以反其道而行。講話或是參加視訊會議時如果有錄音或錄影，之後就可以回頭看逐字稿或影音檔，分析自己的講話內容，留意說話時有哪些習慣會讓話語顯得冗贅，比如重複某些句子、描述過多細節等。也可以請人問我們問題，錄下即興談話的內容，事後進行分析，參加任何需要即興談話的場合前，就可以提醒自己避免特定習慣。之後我們可以定期檢視自己說話的影音檔，持續觀察改善習慣的進展。

還有一個簡單的自我評估方法，就是回顧過去一週傳的訊息。這些訊息大多都是即興溝通，只是用書寫的形式呈現，不是用說的。你的回覆是否太冗長或包含太多沒必要的細節？你是否總是回得比對方還多？你有什麼習慣會讓訊息看起來很長？給自己一個挑戰，在接下來一週傳訊息時，盡量用更少字傳達有意義的內容，留意看看這對你的人際關係有什麼影響。

此外，進行「簡潔溝通挑戰」可能也會有幫助。當你準備要加入即興談話場合時，想一想你最想傳達的訊息，試著用早期發推文的方式表達，將字數控制在一百四十字以內。經常這麼做可以加強你簡短表達重點的能力。你可以練習寫俳句，這種短詩只以十七個音節構成；也可以練習寫微小說（你相信嗎？有人可以只用六個字就寫出完整的故事）；或是可以試試設計師交流之夜（PechaKucha）模式的短演講（在這個活動中，你只能用二十張投影片，每張投影片只能用二十秒解說）。

**試試看**

你的第一個簡潔溝通挑戰：在二十五字以內總結這一章的內容。你做到了嗎？現在用其他方式進行簡潔溝通挑戰吧。

### ‧一句話介紹市值一‧五兆美元的公司

到了二〇二三年下半年，Google（現在稱爲字母控股公司）仍是世界上最大的公司之一，市值超過一‧五兆美元。Google旗下有許多事業，像是搜尋引擎、雲端運算、消費電子產品、人工智慧、量子電腦等等。數十個公司據點遍布世界各地。儘管公司規模很巨大、業務很複雜，Google的領導人卻可以用一句話簡短說明公司在做的事，他們如此宣告公司的使命：「匯整全球資訊，供大眾使用，使人人受惠。」

這句使命宣言很簡單，大多數人都可以馬上理解；但要將概念濃縮成這一句話並不簡單。雷蒙・納瑟在二〇〇〇年初期曾在Google擔任廣宣總監，這句話的形成也有他的貢獻。那時他和同事每個月開會一次，用三小時討論怎麼傳達公司的商業理念。這個挑戰的困難點在於，他們不但要用一句話來說明公司在做什麼，這句話還必須非常簡潔、容易琅琅上口，同時傳達他們的樂觀進取和熱情。

納瑟說：「我們想得超久、超用力，到後來都是爲了愛才撐下去。在那過程中，我們一直改、一直改，改到臉都發青了都還沒有結果出來。一點都不好玩，眞的是因爲對公司有愛，才做得下去。」過了很多個月後，他們終於讓創辦人賴瑞・佩吉和謝爾蓋・布林都滿意了，決定以「匯整全球資訊，供大眾使用，使人人受惠。」爲使命宣言。直到這本書在二〇二四年出版爲止，Google依然在官方網站宣示這句話。

在即興溝通時匯聚焦點遠比想像困難。就算看完這一章，你可能還是會懷疑自己是否做得到。要改善書中提到的其他部分已經很難——你要能管理焦慮、放下完美主義、採取更適合即興談話的思維、傾聽對話者、利用架構……現在要怎麼一邊兼顧這些，一邊利用這章提到的四個面向吸引關注？這難道不會超出我們的心理負擔，結果讓我們因爲太想說出重點吸引聽眾而失焦嗎？

這是很合理的問題，我希望我的回答也同樣合理：請一步一步慢慢來。雖然改善四個面向可以幫你得到最多關注，但你不必要求自己一下子就全部達成。可以一次改善一個面向，只要多加留意，就可以增強你在溝通方面的自覺，表達出更清晰有力的訊息。

請記住，溝通沒有所謂的「完美」，在吸引關注方面尤其如此。有時我們很難抓到這四個面向的平衡。如果只注重表達內容的目標，可能會變得太呆板，無法靈活回應充滿變化的即興談話場合。想想參加辯論會的某些政治人物，有時他們只會重複自己講過的話，無視其他人問的新問題；如果花太多心力爲某些聽眾調整內容，能打動的人可能就只會是那些聽眾，無法讓其他人感興趣；如果過度追求易懂，可能就會把內容講得太淺白，聽起來沒什麼深度；如果講太少，聽眾也可能會誤解，因爲沒有足夠的資訊或細節支撐我們想表達的意思。

然而，如果能好好留意這些溝通祕訣，讓聽眾關注我們想講的重點，話語就會產生不可思議的力量。我們都希望對方可以聽見自己，也都想找到雙方的共通點，幫對方更輕鬆愉快地達成這些期望。當我們越能分享自己的想法，越能傾聽其他人並學習，就越能將心意注入話語，讓聽的人都深受感動。

**小練習**

一、回想一下你剛參加過的會議。試著用五十個字來總結會議，接著用二十五個字，然後用十二個字。你怎麼刪減字數？你是否主要設法減少術語？是否盡量不講複雜的事？在完成這個任務時，你如何決定資訊內容的重要程度？

二、挑一個你喜歡的主題，想一想，如果有人給你兩、三分鐘來講這個主題，你要講什麼？把這些內容寫下來。想像一下，面對一群喜歡這個主題的人，你會怎麼講。再想像一下，如果聽眾第一次聽到這個主題，你會怎麼介紹。想想你會怎麼針對不同的聽眾來調整介紹內容。為了讓這兩群聽眾保持關注，你分別會在兩段話中增加什麼內容，或精簡什麼資訊？

三、挑一個你平常會做的複雜任務，比如哄小孩睡覺、洗牌、煮喜歡的餐點、進行商務談判等等。想看看你會用什麼來比喻或類比這個任務（例如：哄小孩睡覺像……）。現在練習對著鏡子或攝影機描述這個任務。使用比喻或類比是否讓描述任務變簡單？你用的字數是否變少了？

**請注意：**如果你跳過本書的第一部分，直接從第二部分開始，這完全是可以接受的。不過我還是希望有機會的話，你可以回去讀第一部分。這個部分主要是教你應對特定場合的即興談話。在第一部分，你可以學到隨時隨地對答如流的完整方法，如果你真的想成為即興溝通高手，掌握這些基本方法是必要的。

# 第二部

## 在特定場合說話更機智

如同第五章所提，想在即興談話場合有好表現，了解架構是必要的。架構的功能就像是一名廚師的準備工作。如果能先選好一份食譜（也就是架構），仔細考慮每個環節，然後排列好經過切削處理的各種食材，最後要做的就是把食材組合在一起，完成一道菜。當然，我們得依場合選擇食譜（就好比我們沒事不會在一般週間晚上做菲力牛排）。在這本書的第二部分，我會分析一些常見的說話難題，介紹適用的簡單「食譜」，也就是組織說話內容的方法，並分享一些有助於溝通的小訣竅。請好好練習這些架構，努力讓自己思考更敏捷，說話更機智吧！

# 應用一：認真閒聊

## 重點見解

社交活動和閒聊都是很典型的即興談話場合，也是很多人會感到彆扭的場合。這種短暫的非正式交流很容易在開始和結束的時候變得尷尬。聊天時，很多人也不太知道要講什麼或怎麼講。我們都想當風趣幽默的人，可是無論是在雞尾酒會、公司的全體會議、專業會議的交流活動、孩子的學校活動，或是形形色色的聚會上，想愉快聊天，似乎要懂得掌握即興發言、發問和回話的高超技巧，把對話變成沒完沒了的接發球比賽，而風趣幽默的形象好像也不是我們想要就會有的。其實閒聊沒那麼難，在重整思維後，只要善用一個有效的架構，並遵守幾個特定原則，我們不但可以好好閒聊，還可能會愛上閒聊。

## 為什麼重要？

閒聊乍看之下沒什麼了不起，但還是有可能影響深遠。首先，我們可能無意間從中發現共同興趣，進而建立新人脈，或加深既有關係。其次，我們可以藉閒聊探索關係的可能性，決定是否要進一步發展。再者，閒聊有助於建立或加強個人形象，讓我們有機會展現人情味和同理心——

這都是朋友和同事會讚許的特質。此外，閒聊也可以幫我們發現志同道合的人。

基於以上理由，在應該閒聊時龜縮起來眞的太可惜了，我們應該設法培養閒聊技能。先從架構下手會是好開始。

## 設計說話內容

在非正式的即興談話中，我最喜歡用的架構是第五章提過的「什麼─爲什麼─怎麼辦」。一開始你可以提出一個論點或想法（什麼），然後說明這件事有什麼重要性（爲什麼），再來讓對話者知道可以利用這個新知識採取什麼行動（怎麼辦）。這個架構具有普遍性，在許多情境和場合中都可以幫你清楚表達、吸引關注，因此也適合用於閒聊。另外，架構的最後部分可以用來提問，讓閒聊對象感受到我們的同理心，以及我們對他們的興趣。這個架構背後的邏輯已經在第五章詳細介紹過，這裡不會再贅述。不過，我會多講講在閒聊中要怎麼應用。

「什麼─爲什麼─怎麼辦」可以有兩種用法。第一種，如果我們想要開啟或持續一段對話，可以問這三個問題邀請對方說話。舉例來說，我們可以問：「所以，你覺得今天早上的主講人講得怎麼樣？」**（什麼）**對方回答後，我們可以接著問：「你覺得他提出的方案在短期內會有什麼幫助？」**（爲什麼）**在第一個或第二個問題之後，對話可能會轉到意想不到的有趣方向，這時我們就可以先放下這個架構不管了。但如果察覺到對話似乎有點無以爲繼，可以回來問第三個問題：「那你之後會去這位講者的見面會嗎？」**（怎麼辦）**

當別人開啟話題，而我們想讓對話持續時，也可以用「什麼—爲什麼—怎麼辦」。比如，我們去參加爲登山者和戶外活動愛好者舉辦的大會，其中一部分是交流活動，這時有人來閒聊，問我們怎麼會來參加，我們就可以回答：「我已經登山好幾年了**（什麼）**。我超期待他們今天要介紹的新裝備和工具，因爲我一直在找可以避免受傷的方法，這樣才能再多爬幾年山**（爲什麼）**。你常常從事戶外活動嗎**（怎麼辦）**？」

雖然在開啟話題時「什麼—爲什麼—怎麼辦」很好用，但光是用這個架構不見得能讓我們在閒聊時展露風采。想要成爲聊天高手，必須時時注意自己身兼傾聽者和說話者的角色。其實仔細想想，所謂閒聊，就是參與者輪流說話的活動，進一步拆解對話活動，會發現輪流的機制跟參與者切換話題的時機有關。如果想在閒聊時表現出色，就要設法讓自己在說話回合發揮到極致，而做到這一點的最佳方法正是所謂的「閒聊第一守則」——**多聊他們，而不是聊你自己。**

## 多聊他們，而不是聊你自己

我們常常以爲，如果想讓人覺得自己聰明、風趣，一定要主導場面才行，因此往往會不小心說太多，不但占用較長的對話時間，而且多半都在談自己。雖然其他人會想了解我們，但他們對於聊自己的事會更感興趣，也會希望我們可以傾聽、理解他們。如果我們一直聊自己的事，就等同於不給他們被傾聽、理解的機會，而我們在他人眼中就可能會變成自我中心、無同理心、倨傲，甚至有點白目的人。這應該不是我們想要給人的印象。

在每一個說話回合中，我們都有機會可以多聊聊對方，而不是只聊自己。有學者將回應分成兩種，一種是接收對方說的話，另一種則是把話題轉到自己身上。當朋友抱怨樓上鄰居有多討厭時，如果你說：「喔對啊，你絕對不會相信我鄰居幹了什麼好事。他昨晚開趴開到半夜三點多。」也就是把話題轉回到自己想講的事，沒讓閒聊對象再多說一點。如果你接收對方的回應，就會把重心放在朋友身上，接著問朋友的鄰居做了什麼事、後來怎麼處理。

有時把話題轉向自己的回應是可以接受的，畢竟其他人也會想了解我們，而我們也不想讓人覺得孤僻、目中無人，或是難以捉摸。只是我們犯的錯多半是太常把話題轉向自己，沒有把其他人說的故事或評論當成學習、了解他們的機會，而是當做談論自己的契機。

想要成爲閒聊高手，可以多接收交談對象的說話內容。

婚姻媒合顧問兼溝通顧問瑞秋・葛林瓦指出，輪到我們的說話回合時，有好幾種方式可以回應交談對象。當對方分享一個想法或趣事時，我們可以說：「你爲什麼會對這件事這麼興奮？」或「哇，然後呢？」或「那時候你感覺怎麼樣？」這類回應會鼓勵你的交談對象進一步說明，或是分享更多見解和故事。如果可以更常回應對方的說話內容，少把焦點轉回自己的類似經驗，閒聊對你而言就會越來越容易，越來越自然。

我的岳母就是閒聊界的黑帶高手，她熱愛且擅長跟人進行各種閒聊。她常常使用的一招是：「再跟我說說……」光是這一招就令我非常印象深刻。我的原生家庭成員不太懂得在對話中輪流，或認眞聽人講話。我們常常同時開口，完全沒在聽人說；講話最大聲又講最久的才會有人聽，其他人就沒機會了。因此不難想像當我看到岳母主動請人發言，用鼓勵的口吻講「再跟我說說……」時，我有多吃驚。這是多麼慷慨、善解人意的舉動。我很快就從這一招體認到，她想必因此收穫了許多友誼，而且從交談對象身上學習到許多事物。我想以她爲榜樣。

把話題焦點放在對方身上而不是單單聊自己——這個做法也會在對話開始和結束時幫上大忙。要開始閒聊時，盡量避免使用太一般的問題或平淡的開場，像是問「你好嗎？」「你做什麼工作？」之類的。你應該抓住機會，在打開對話時，表現出想更了解對方的好奇心。有關於場合或環境的問題也會有用，例如：「你以前看過這麼多人同時穿藍色嗎？」或「你認爲這幢房屋有多少扇窗戶？」這時的目標是讓對話有個融洽的開始，以利於雙方建立連結，因此表達對其他人的興趣，或是尋找雙方的共同經驗，都有助於達成目標。如果你即將參與一個需要閒聊的場合，可以在參加前想幾個方法，讓自己可以在開展對話時表現好奇，並給人溫暖。

如果有人問你問題，想藉此開始聊天，請留意不要用捷思法，太快就給出回應，因爲這樣可能會變成有些人所謂的「你好嗎？」迴圈（一個人問：「你好嗎？」另一個人回答：「我很好。你好嗎？」顯然不是個有趣的對話）。爲了避免這種情況，可以用有趣或令人好奇的方式回答，讓對方有機會問其他問題。這時的關鍵是提供一點點關於自己和興趣的資訊。因此如果有人問你過得如何，你可以這樣回答：「我很好，因爲我今天早上運動時破了個人紀錄。」如果你的交談對象問更多問題，你可以簡短回答，然後回問他們問題，並回應他們。

此外，對話快結束時，我們還是可以讓其他人覺得受重視，讓離場不會那麼尷尬。很多人想結束對話時，通常會以自己的需求爲主，比如他們會說：「抱歉，我想再去拿飲料。」或「不好意思，我要去洗手間。」葛林瓦指出，還有更好的結束對話方式：先宣告等一下要離開並說明離開的理由，同時展現好奇，問對方最後一個問題，讓對方知道你有在聽他們說話，且覺得跟你交談很有趣。例如：「我等一下想去看看餐檯那裡還剩什麼東西，不過我覺得跟你聊得很開心，去拿東西吃之前想問最後一個問題：你在馬拉卡治旅行時最喜歡哪一家餐廳？哪天我去那裡的時候也可以參考一下。」

葛林瓦將這個方法稱爲「白旗法」。賽車時，賽事執行人員會在車子進入最後一圈時揮白旗。我們也可以在閒聊時採取類似的做法，在從容離場前，讓對方覺得說話有人聽，並受到重視。我岳母結束對話時，也會優雅有禮地說著類似的話：「謝謝你告訴我這麼多我不知道的事。我學到好多新東西。在離開前，我想再問你最後一個問題……」

假設你在一個與職場相關的場合，正在跟一個最近搬家的人講話，你可能會說：「我想知道爲什麼你會想要搬到那一區。」聽了對方的回應，你也可以這樣結束對話：「你考慮的點很合理耶。我現在要去那邊找我同事了。謝謝你告訴我這個獨家消息。跟你聊天很開心。」

## 修飾你的發言

「什麼—爲什麼—怎麼辦」和「閒聊第一守則」都是聊天的基本方法。熟練這些方法後，我們還可以留心以下訣竅，加強自己的表現。

### ・訣竅一：適度的自我揭露

雖然聊天時把焦點放在對方身上很重要，我們還是要揭露一些自己的資訊。葛林瓦建議，支援對方和談論自己的比例回應可以抓三比一。除了提問之外，別人回問時，我們也要能提供一些關於自己的有意義資訊。

我們也不應害怕碰觸比較深層的感受或憂慮。擔心陌生人或熟人聽到我們的自我揭露會尷尬很合理，但研究顯示，深度的對話會更令人滿足，也會比流於表面的對話更能建立交談者之間的連結。

另一方面，如果雙方在對話中進行了平衡的資訊交流，往往會對交談過程感到滿意。當然，我們不能把閒聊當成每週一次的心理諮商時間，大講特講，但也不能把所有重點都放在交談對象身上，讓別人對自己一無所知，或是讓他們覺得自己彷彿受到質詢。大家想要的是對你有所了解，同時知道你正在好好聽他們說話。

### ・訣竅二：避免爲難聊天對象

如同我說的，把對話焦點放在他人身上難免要問他們問題，不過我們必須小心，提問時要避免讓他們覺得爲難或引起反感。問太直接的問題（例如「你在現在這家公司待多久了？」）可能導致對方覺得在接受工作面試。因此你可以問開放式問題，將對話引導到比較有趣的方向，像是：「你不在這裡時，通常喜歡做些什麼？」

問開放式問題，代表我們交出某種程度的控制權，因爲我們不會知道對方接下來會說什麼，而這正是開放式問題的重要之處：我們給對方機會跟我們一起創造對話。我想你會發現，共同創作的對話通常比單向對話有趣。

在一群不熟的人當中，如果還沒摸清交談對象的個性，依據環境氛圍調整談話內容很重要。舉例來說，也許你是一個喜歡用挖苦諷刺來表達幽默的人，但並非每個人都如此。因此跟剛認識的人開始聊天時要特別注意，先盡量展現和藹可親的面向；如果他們說的話讓你覺得他們會懂你的嘲諷或辛辣言論，可以試著讓對話朝這個方向進行，不過還是要小心避免踩雷，同時仔細注意對方是否認同你的說話方式。

當你給出負評時，也要小心遭到反噬，危害自身形象。如果你想給人溫暖體貼、與人相處融洽的感覺，批評他人可能會讓你被扣分。如果你認爲目前的對話適合來一點負能量，可以試試自嘲，這麼做會比較保險，其他人通常也會欣賞。喜劇演員常常以幽默自嘲來搏得掌聲，你也可以。所以，與其批評：「不敢相信，廚房讓我們等這麼久，東西居然還這麼難吃。」不如自嘲：「我好高興喔，原來不會煮義大利麵醬的人不只我一個。」

## ．訣竅三：當個好隊友

我們也很容易把閒聊當成網球比賽，彷彿對手正在朝網子另一端的我們打高吊球，而我們正努力要在球彈兩次以前打回去。兩邊看似都想奪得全場最風趣幽默獎，但這是只有一個人會「贏」的零和遊戲，每個人只能顧好自己。然而我們還可以用另一種方式看待閒聊：大家一起合作得到好結果的團隊運動。這也是「把閒聊當成丟沙包」哲學：我們都想讓球持續在空中飛來飛去，球一落地，所有人都輸。

你應該可以想像，第二種詮釋閒聊的方式比較有利於建立人際關係。因為不再覺得孤單，也不必再逼著自己贏，比較不會有壓力，也會覺得比較有趣。不過既然把閒聊當成團隊運動，這也表示身在其中的人各有職責。當大家輪番說話時，我們也要設法幫忙交談對象成功進行後續回合，讓他們在對話中好過一點，包括提醒話題的切換、談話內容的脈絡與邏輯、對話的前情提要等。

完成以上任務的辦法之一，是在給評論前先重述對方講的內容。舉例來說，你跟一個剛搬來所在城市的人聊天，此人很熱烈地表示非常喜歡這個城市，你或許可以這樣說：「很高興聽到你說從巴爾的摩搬來之後很喜歡這裡。我想知道，你剛來的時候，什麼事情最讓你驚訝？」給出評論後加一個問句，同樣也有助於提示話題或想法的轉換。比如我們講完最近成功獲得新客戶的故事後可以說：「我已經分享完我的好消息了。你上週在工作或生活方面有發生什麼好事嗎？」

## ．訣竅四．．別太快決定不來電

在這個習慣多工和過多選項的時代，有時會很難在閒聊時保持精神集中。我們可能會掃視周圍，然後錯失恐懼症（FOMO, fear of missing out）開始發作，想著如果跟另一個人聊天是否比較愉快或比較不會浪費時間。如果任由這種感受宰制，我們可能會太快從對話中抽身，冒犯其他人。以騎驢找馬的心態中斷對話，可能會錯失潛在的友誼或學習新知的機會。

我也常常像很多人一樣，太快決定此人合不來而「左滑」。閒聊時，我最大的弱項就是無法完全專注於當下的對話。我常分心瞄四周，想著自己有沒有可能跟另一個人進行更有趣的對話、我在這裡是否會錯過什麼。我會很快地用架構進行一些問答，然後隨口說一個理由，離開交談對象。如果太常這麼做，我離開社交場合時會覺得又累又無聊，因爲我一直擔心自己會錯失社交機會，花了很多時間滿場飛舞，卻沒有用足夠時間跟任何人建立有意義的連結。

如果你開始覺得坐立不安，請先按捺想中斷對話的衝動，再次將自己的精神集中到當下，認眞聽人說話。你可以提醒自己，大家都需要時間放開自我，才能好好交流，說出有趣的事。你可以挑戰每跟一個人聊天，就試著記下有關對方的一件事，或者可以挑一個主題，請每個交談對象分享看法。

也許努力試了以上方法仍不見得能讓閒聊發揮最大價值，因爲留下來繼續對話可能會錯過好機會，太快換交談對象則有可能錯過好對話——我們永遠不知道自己會錯過什麼。更好的做法就是放鬆、集中精神，讓對話自然地流動，如果累了或覺得話題快乾掉了，就鞠躬退場。

### ・訣竅五：謹愼思考、提問、重述，降低冒犯的風險

由於現在公共討論空間變得越來越極端化，越來越激進，我們永遠不知道自己何時會踩到誰的底線，變成惡意言論攻擊的對象。但要記得，閒聊的目的是建立友善融洽的連結。這不表示你應該爲了表面和平而呑忍自己的觀點，重點在於可以將每一次對話當成機會，藉此跟閒聊對象找出共通點、和諧共處。

跟人閒聊時，請避免預設對方可能有什麼樣的觀點。在開始或積極討論新話題前，先好好聽對方說什麼，估量他們的實際想法，了解他們提到的細節，觀察他們說話的語調。輪到你發言時，先問一般性的問題試試水溫，不要立刻提出宣告式的發言，要求對方馬上表態。假設你去參加朋友的雞尾酒會，大家開始談起政治，與其一開始就表明對某候選人或某議題的立場，不如先傾聽並觀察其他人說什麼。這樣你可以先收集到其他人的相關資訊，然後利用這些資訊來思考，自己的觀點要怎麼表達，對話者最容易接收。

這時重述就會是有效的方法。即使沒有表明自己的觀點，你還是可以用開放式問題來進行對

話，比如：「再跟我多說一點你對〇〇〇的想法。」接著重述你聽到的內容。這麼做可以讓你有機會去理解，爲什麼你的對話者會有某種觀點，輪到你發言或表達反對意見時，就可以用比較不會激起衝突的方式說話。

比如，你在對話時表示，職業球隊應該要換吉祥物，這樣才符合政治正確，而你的交談對象激烈反對。你可能會忍不住一時衝動：「哇，你怎麼會相信這種事？有的吉祥物根本就在貶低人！」但實際上對方不太可能因爲你的回應而改變想法。因此，不如總結雙方想法，緩和緊張氣氛，並製造好奇的空間。你可以這樣回應：「有時候選手對裁判的判決會有不同看法，我們對這件事的看法不同，看來也是類似的情況。」

即時思考、提問、重述可以幫你在閒聊時更順利，降低你冒犯人或受到冒犯的焦慮感。有研究指出，當我們越能在溝通中保持開放心胸，跟想法不同的人交流，越能在對話中與人連結、學習新知、避免紛爭。這確實很合理，如果覺得其他人夠尊重我們，有認眞聽我們說話，不會否定我們的說話內容，我們也比較不會對他們發脾氣。可以用以下方式創造研究者說的「對話接受性」：明確告訴對方我們理解他們，指出雙方的共通點，委婉表達自己的立場，盡量用正面的態度應對。大家都卸下心防後，就可以愉快地進行更有意義的交流。如果其他人知道，我們是眞心樂意聽他們的想法，之後他們同樣也有可能更樂意傾聽我們的觀點。

## 實際應用範例

記住「閒聊第一守則」之後，現在我們來看看，輪到我們說話時，可以怎麼用架構來組織回應內容。

### ・情境一

你去遙遠的城市參加婚宴，跟一個陌生人展開對話，他們問你從哪裡來。

**回應範例：**

「我在奧馬哈出生，後來一路往南遷，現在住在休士頓（**什麼**）。雖然我是因爲工作的關係才搬到那裡，但我覺得可以去看很多運動賽事很棒，東西也好吃（**為什麼**）。所以我很好奇，你有住過或去過德州嗎（**怎麼辦**）？」

在這個回應中，我們用比較沒那麼平淡或瑣碎的方式介紹自己，同時，我們沒有一直把焦點放在自己身上，而是在說出回應後，順理成章地問一個問題來讓對方回答。

### ・情境二

你參加了一個專業領域的全國性會議，議程中有一場交流會，你正在跟來自不同公司和城市的陌生人說話。

**回應範例：**

「我是麥特．亞伯拉罕斯，來自加州矽谷（**什麼**）。我好期待可以多了解今天晚上會講到的主題，因爲我一直有在聽那幾位講者的 Podcast 節目（**為什麼**）。你們怎麼會對今天的主題感興趣（**怎麼辦**）？」

在這個回應中，我們用最後的問題來尋求更多共通點。讓其他人回答問題，可以轉移我們身上的焦點。如果想要讓其他人再多了解一點自己的資訊或個性，也可以在「什麼」和「爲什麼」的部分稍微多講一點，比如在提到居住城市時可以針對矽谷開一些自嘲的玩笑，或是簡短提到 Podcast 節目中最喜歡的某幾集。多增加一點細節也可能更容易得到認同或回應。

**・情境三**

參加家族的感恩節聚會時，你發現身旁站著姨婆的隔壁鄰居，你們之前沒見過面，一開始的對話沒有成功破冰，你們陷入尷尬的沉默。這時你發現你們的盤子裡都有同一道玉米料理。

**回應範例：**

「哇，這道玉米料理很好吃耶（**什麼**）！我一直想要找更多玉米的料理方法，當然，用水煮的或用烤的都很好吃，但有時就會想要再多一點變化（**為什麼**）。你有最喜歡的蔬菜料理嗎（**怎麼辦**）？」

在這個回應中，我們引用共同經驗，邀請對話者聊一個他們應該會有想法的話題。一旦他們開始貢獻話題，後續的對話就會比較容易，你也可能會得到問新問題的資訊。

## 結束這回合以前

在構思這一章內容的過程中，我經歷了一個有趣的經驗，正好可以清楚說明這些概念。我參加了一個支持癌症患者的募款餐會，起先，招待人員讓我坐到很容易閒聊的位置，我和同桌的八位賓客熱烈地聊著，互相回應彼此的對話。我們都聊到癌症怎麼影響我們的生活，也聊我們住的地方、小孩在哪裡上學等等，我們都笑得很開心，說話時，身體向前傾，聽人說話時也常常點頭、微笑。才過半個小時，我已經跟其中三個人交換領英的連絡方式，還跟第四個人相約喝咖啡。看起來，我在這個重要場合建立的人脈很有可能持續到會場外。

然後，招待人員突然拍拍我的肩膀跟我說，附近有一桌因爲有人沒到，空位有點多，問我願不願意坐過去。我同意了，跟新朋友道別後，來到新座位。但令我失望的是，這一桌的社交氛圍跟前一桌完全不一樣。每個人都很安靜，一直在四處張望，避免跟彼此眼神接觸。

好不容易有人開口說話，對話內容都無法進行得很深入，很快又安靜下來。他們問的都是常見的一般問題，像是「你這個夏天做了什麼事？」回答問題的人會將話題焦點放在自己身上，讓交談變得難以持續。

由於那陣子我都在思考關於閒聊的事，我決定放膽利用這些技巧來幫其他人。在其中一個時間點，有人回答夏天時，去夏威夷度假，原先問的人則說：「喔，我去了哥斯大黎加。」這種回應通常很快就會終結對話。但我也看到加入交談、改變對話氣氛的契機，於是我對這個人說：「好巧，我太太跟我也是去哥斯大黎加度蜜月，我們那時幾乎走遍整個國家，很喜歡那裡，對於雲霧森林和魁札爾鳥特別印象深刻。你去了哪些地方？覺得什麼東西最有趣？」得到回應後，我又問了幾個問題，帶動了有關於鳥的話題，這時另一個人也加入了，提到他曾專程去看白頭海鵰。

不到十分鐘，對話開始活絡起來，雖然不像前一桌那麼熱鬧，但我們還是聊得很高興。同桌的人開始有更多笑聲，也更認真聽人說話。其中一個人問我能不能加領英連絡人，另外兩個人也在交換連絡資訊。

這個故事的重點不是說我是閒聊大師，辦派對應該都要找我去（先前我也說過了，我沒那麼厲害，我還有弱項要好好改進）。我想讓你知道的是，培養了即興談話技能之後，可能會發生什麼事。只要花一點功夫，不僅可以處理自己的說話問題，還可以在所到之處散播歡樂，建立融洽的氣氛和人際關係，幫助其他人更勇於向周遭的人開口表達自己，讓大家可以互相學習。只是我們要先願意打破既有習慣，學習更有幫助且結構更完整的交流方式，閒聊才有可能產生驚人的正向效益。所以，別再為社交場合苦惱了。積極參加，認真練習吧！

# 應用二：敬酒嗨起來！致詞和開場介紹都ＯＫ！

## 重點見解

敬酒、致詞、開場介紹是幾種最常見的即興演講場合。在產品發布會、論壇講座、婚禮、成年禮生日會、喪禮或是午餐會等場合，我們都有可能需要說一些話來紀念人生重要事件、慶賀特殊成就、引介賓客。大多數人的直覺反應，幾乎都是想著周遭人在這時怎麼看待自己的表現。然而這些場合的主角通常不是我們，這時我們在人群面前發言的重點，應該是要說對主角有意義的話，無論他們是個人、團隊或組織。

面對這種場合時，我們通常會習慣煩惱自己的表現和想說的話，爲了打破這個習慣，可以把敬酒、致詞、介紹當成禮物，獻給觀眾和該場合的主角。就如同我們挑實體禮物時，會思考收禮人可能會喜歡、想要或需要什麼，贈送口語的禮物時也要用類似的思路。聚焦在收禮人身上可以幫我們思考包裝禮物的最佳方式，而這點也會幫我們構思說話架構。畢竟我們希望收禮人不必太費心力就能理解禮物的內容，最好還會喜歡並記得那些話語。我們可以利用架構清晰、簡短地表達敬酒感言、致詞、介紹，吸引聽眾注意，如此一來致敬對象就能好好享受話語禮物，受到應得的尊重。

## 為什麼重要？

祝賀詞常給人爲說而說的感覺，有時甚至是不得不說的話，但事實上，重要場合就是需要祝賀詞來錦上添花。當我們重視的人、團隊或組織受到表揚或認可，我們也可以藉機表達自己的尊敬、關愛，展現我們之間的連結和對彼此的理解。我們說話時也可以爲這個重要場合定調，集中眾人的注意力，確立他們對後續發言者的期望。當我們讓現場的氣氛熱絡起來，帶動更多即時互動，與受致敬者之間的關係也會變得更緊密。而且，有了架構可依賴，這些場合應該就不會像我們以爲的那麼可怕。

## 設計說話內容

需要發表祝賀詞或致敬時，以下這個我稱爲WHAT的架構很好用。

**W——爲什麼我們會在這裡（Why are we here）**：首先，指出這場聚會的目的。例如，我們是來緬懷死者的精采人生，或是表揚團隊的努力成果等等。

**H——你跟主角什麼關連（How are you connected）**：讓聽眾知道你是誰，還有你爲什麼要發言。

**A——小故事或啟發（Anecdotes or learnings）**：無論致敬的是人、團體，還是事件，跟聽眾分享幾個跟他們有關的小故事，或是他們帶給你的啟發。請用簡潔易懂且尺度合宜的方式述說。

**T——感謝（Thank）**：表達你對受致敬者的感謝與祝福。

接下來我們來仔細看看這些步驟吧。

**．步驟一：為什麼我們會在這裡**

釐清所在場合的目的。這麼做可以幫其他人集中精神，對於接下來發生的事有所預期。幫聽眾定義所在場合，也會讓你可以表現適切的情緒，傳達該場合的重要性，並祝賀主角。

**範例：**

「珊德拉在工作方面達成了許多成就，因此我超期待她今天的分享，她會跟我們聊聊娛樂產業，還有她如何一邊錄製發表激勵人心的音樂創作，一邊在百老匯舞臺上演出。」

「這場婚禮的主角，是我所認識的人當中最體貼，也最特別的兩個人。」

**・步驟二：你跟主角有什麼關連**

在這樣的場合，有些聽眾可能不知道你是誰，或你在這裡扮演什麼角色。請花一點時間介紹你和該場合主角的關係。這時你可以透露一些關於主角的背景資訊，甚至可以帶點幽默。

**範例：**

「珊德拉跟我曾經一起在茱莉亞音樂學院學六個月的聲樂，後來我們在一九九四年一起錄製了第一張專輯。」

「我不但認識這對準夫妻超過十年，其實我還是他們的介紹人，在《星艦奇航記》的活動上介紹他們認識，誰想得到一個克林貢人和一個羅慕倫人會談戀愛，然後結婚呢？」

**・步驟三：小故事或啟發**

這是整段話當中占比最多的部分，可以加入一點幽默、感情，還有你學到的啟示。請記住前面提到過的建議，盡量用架構講故事，用詞要拿捏好分寸，重點要清晰，而且不要講太久——幾分鐘就好，不要變成幾十分鐘。

**範例：**

「珊德拉總是讓我大開眼界，我們大家聽過幾百次的爵士經典曲，她就是能唱得讓人耳目一新。她也教會我很多事情，其中我學到最重要的事情，就是怎麼用眞心和頭腦把一首好歌唱得深入人心。」

「這兩個人第一次見面，就聊到要用多少隻毛球才能塞滿企業號，然後他們還分頭來要我去打斷對話，這樣他們才能早點回家。雖然他們都是死忠星艦迷，可是當時都沒有聊得很開心。幸好我沒有阻止他們繼續聊下去！」

### ・步驟四：感謝

最後以感謝在場聽眾和該場合主角作結。這時也可以再放一點關於主角的背景資訊。

**範例：**

「我想感謝珊德拉，她是很好的合作對象，也是很棒的朋友。我相信你們也可以從她身上學到很多。現在讓我們歡迎葛萊美獎雙料得主珊德拉．狄拉柯蒂上臺。」

「感謝你們兩個一直支持我和在場所有人，你們是最讚的朋友。現在你們要一起用新身分『勇踏』人生新階段，我們也想給你們最讚的祝福。」

## 修飾你的發言

糟糕的敬酒感言、致詞、開場介紹其實不少，我們應該都曾經受害。這類發言如果沒表現好，不但會破壞氣氛，還可能會貶低或傷害在場所有人的名譽。雖然我們永遠無法預期別人會怎麼看待我們的發言，但至少我們可以利用以下原則，盡量讓話語產生符合期望的正面效果。

### ・訣竅一：簡短說重點

長的敬酒感言、致詞或開場介紹通常都講得很爛。想要一次包含太多主題往往會降低話語的影響力。如果你是眾多講者之一，也要從整個場合和節目流程的角度來考慮想講的話。如果每位講者都花很多時間，講話沒重點，或講的內容太雜，或重複類似的話，聽眾會不耐煩。我倒是還沒聽過有人抱怨致詞講太短的。請好好觀察自己發言前後是什麼情況，只要給出可以適度讚揚主角的資訊量就好。好的致詞，就是用簡要且令人印象深刻的言語突顯主角的特殊之處，只要做到這點就夠了。

## ‧訣竅二：為情緒失控做準備

在許多場合中，敬酒、致詞和開場介紹都會流露強烈的情感，有時很高昂（例如在婚禮、畢業典禮、成年禮生日會等等），有時比較感傷（比如離婚、喪禮、退休等等）。可以先想想在這些場合說話時，自己可能會有什麼樣的情緒反應。如果你有預感會情緒失控，可以事先找人在自己失控時幫忙。如果沒辦法先找人，那麼也可以設法迅速講完，先離開眾所矚目的位置。雖然看小抄或手機裡的草稿似乎會很方便，但是在情緒飽滿時這麼做，反而會效果不好，因為你會很容易分心，也可能會因此跟聽眾疏離。

所以，也要想想聽眾當下的心理狀態，並且盡量為他們調整說話內容。假設你在婚禮上致詞，你要傳達的應該是對於新人的愛與祝福，那麼你打算分享的小故事有沒有可能引起其他不合宜的情緒反應？還有，如果穿插嘲諷型笑話有沒有可能讓部分賓客解嗨？如果想在一個公開場合適切表達情緒，發言前必須仔細考量你與主角的關係，以及在場聽眾的組成。在企業慶祝產品發布的場合，觀眾一般會預期看到專案經理比高階主管更激動。畢竟專案經理才是與團隊密切合作完成工作的人，如果高階主管看起來情緒太激昂，可能會讓人覺得做作或奇怪。所以，說話前可以先想想你對主角有什麼意義，還有聽眾對你可能有什麼期望，確保自己沒有踰越分際。

### ・訣竅三：謹記舞臺不屬於你

當你在講主角的故事時，要盡量減少自己在故事中的戲分，也要盡量少表達自己的想法。有一個好方法可以幫你檢視有沒有做到這點：注意你在說話時是否一直提到「我」。如果是的話，你就要設法讓焦點回到主角身上。

### ・訣竅四：講好懂且合時宜的小故事

沒有人喜歡受到忽視的感覺，所以講小故事時不要只迎合在場少數人的口味，要確認故事內容和可能出現的髒話是在場聽眾可接受的。此外，如果不得不用一些術語或簡稱，也要記得向聽眾簡單介紹背景資訊。

### ・訣竅五：保持和睦氣氛

在這個立場表現趨向極端的世界，很多人都會熱切擁護自己的觀點。如果你想加深人際關係或與人建立連結，在公開向人致敬的場合說話，就是尋求共通點的時機。你可以說出讓聽眾支持的評論，並保有自己的價值觀。要找到中間立場聽起來有點難，但就我的經驗來說，只要有心想找，往往都可以找到。

假設你參加某團隊成功併購的慶功會，但團隊領導人的管理方式和政治立場跟你不合，你可以不提團隊領導人的個人偏好，改講該公司工作價值觀與你契合的地方，因爲這個場合顯然不適於用來批評團隊領導人的管理方式或政治立場。如果你無法避免批評這個人，或是覺得無法在發言時不談你們之間的差異，也許把發言機會讓給別人比較好。但如果你可以避免批評，就可以利用這個機會討論企業文化，並說出希望新團隊可以先處理的事。這些說話內容或許可以爲以後的溝通打底，先讓你跟團隊領導人或團隊拉近關係，之後更開誠布公地談論事情。

## ・訣竅六：爲其他人的成功鋪路

你可以想像自己是在爲後面上臺的人暖場（之後的講者、該場合的主角等等），你的努力都是在爲了他們的成功鋪路。我常說這是「清理跑道」，讓接續的人可以及時順利起飛。因此你要做的是後勤支援，提供節目資訊，給觀眾一些例行性的提醒，最後用積極正面的方式作結，讓大家聚精會神期待接下來的節目。想像一下你會希望別人怎麼介紹自己，然後照做。你可能會在介紹下一位講者時說：「胡安娜有很多有趣的事情要分享。在介紹她之前，我想先提醒，演講結束後我們會提供講義，吧檯區也會準備一些飲料和輕食給大家享用。」

## 實際應用範例

敬酒、致詞、開場介紹的設計通常要考慮一些因素，比如你要致敬的主角是否爲師長或主管，你所在的地方是職場相關場合或是私人領域，你要致意的事件是喜事或是感傷的事。以下情境可以讓你參考如何妥善利用 WHAT 架構。

### ・情境一

你有一個人數大約爲十人的團隊，你正在向他們介紹兩位來自總公司的高階主管。

**回應範例：**

「賽伊和珍妮從總部過來，會在這裡跟我們工作一陣子（**W**）。過去三年我一直在他們的領導下與他們密切合作，現在我很高興大家有機會可以跟他們一起工作、相處（**H**）。上次賽伊和珍妮來的時候，我們檢討了前一季的計畫，並訂定了一些目標，這次他們希望可以看看計畫的進展，同時分享一些總公司的想法（**A**）。賽伊和珍妮，我們非常感謝你們抽空來訪（**T**）。」

這個介紹不但提供了賽伊和珍妮來訪的前因，也讓團隊知道接下來的互動是什麼性質、有什麼重要性。

**・情境二：**

你的團隊取得了一個重大成就，你想跟團隊好好分享這個喜悅。

**回應範例：**

「哇！我們三天前完成了本季的最後一筆交易（**W**）。我知道大家爲了這個案子付出了許多努力（**H**）。我還記得三個月前第一次聽說有這個機會，於是選了你們加入這個專案團隊，就是因爲相信你們會成功拿下這個案子（**A**）。現在這一切都多虧了你們的創意和堅持，我和其他主管想好好表揚你們、謝謝你們（**T**）。」

在這裡，我們也可以注意到，這位講者強調了團隊合作的成果，還有她希望未來會繼續看到的工作方式。

**・情境三：**

一位同事到職五週年，你想跟她致意。

**・回應範例：**

「婷，恭喜你到職五週年（**W**）！我們一起合作完成專案時，我從你身上學到很多（**H**）。還記得有一次我們爲了活動訂製T恤，結果到貨的尺寸和顏色都錯了，我崩潰到不知道該怎麼辦，但你還是很沉著鎮定地處理事情（**A**）。你眞的是很棒的同事、前輩兼朋友，感謝有你在我身邊（**T**）。五週年快樂！」

在這個例子中，我們講故事時用細節和自嘲強調了受致敬者的優點。

## 結束這回合以前

不久前，我的一位同事艾德溫娜因爲癌症去世。她確診後沒多久就猝逝，我們都非常震驚。她在我任教過的社區大學很有影響力，很多人都會去找她商量事情、尋求指引。多年來我把她當成精神導師，從她身上得到很多正能量和人生智慧。聽到她去世的消息讓我非常難過，也很希望可以用有意義的方式來紀念她。

消息傳來幾天後，另一位認識艾德溫娜的同事發起一個視訊紀念會，正是一個我可以有所表示的機會。每位參與者會輪流發表我們與艾德溫娜的回憶，還有對她的感情；沒有人事先準備講稿。因爲參加的人很多，我們同意每個人的發言時間不能太長，一個人約一分鐘。雖然有幾個人提到比較輕快的回憶和想法，整體氣氛還是肅穆沉重。輪到我時，我希望可以著重於對艾德溫娜的敬意，不想說太久，也不想讓其他人更傷感。

於是我利用WHAT架構，說了跟以下差不多的內容：

艾德溫娜是非常好的人，許多人都因爲她的智慧建言受益（W）。我很幸運，曾經在職場上受到她的指導，在人生方面也得到她的指引（H）。每次處於激烈的決策討論時，相信很多人都跟我一樣，會想：「如果是艾德溫娜會怎麼做？」每每回想起她的風采和言行，都能幫我在這類情況中做出貢獻（A）。我希望大家跟我一起記得這樣的艾德溫娜，記住她曾怎樣幫助我們的人生，還有許許多多她遇到的人（T）。

雖然內容不多，但我至少說出了有意義的話，同時沒有影響到其他人的發言時間。這些話語不像常見的陳腔濫調，而是確實表達了艾德溫娜對我的意義（我每次遇到困難時眞的都會想到她，回顧她跟我說過的睿智話語，還有處世原則）。由於現場除了艾德溫娜比較熟的同事，還有下屬和上司，我說的小故事適用於廣泛的受眾，也有助於提醒他們分享艾德溫娜對他們的影響。

在這種場合有沒有依循說話架構，其實差別不大，就算沒有使用，我的表現應該也不至於太差；然而依循這個架構可以幫我保持專注，避免情緒讓我分神。我希望 WHAT 架構可以幫你大忙，這樣一來，你就會開始把致詞當成送禮物，而不是麻煩差事。人生苦短，我們所能給出的禮物當中，說到底，應該還是有意義的禮物最重要，也最能滿足他人以及自己。

# 應用三：完美提案，不完美也沒關係

## 重點見解

跟其他人即興交流時，除了分享想法和觀點，有時我們還希望達成更多目的，像是說服其他人接受相同觀點，或是讓對方相信我們提出來的建議是爲了他們著想，並依建議採取行動；我們可能希望同事認同我們的提議，希望顧客購買我們的產品；希望心儀對象同意跟我們約會；希望小孩改正行爲守規矩；希望鄰居別讓狗跑到我們家草坪……市面上有不少關於溝通說服他人的書，我誠心推薦你們找幾本來讀，像是羅伯特．席爾迪尼《影響力》、奇普．希思和丹．希思合著的《你可以改變別人》，以及佐伊．錢斯《影響力是你的超能力》（譯注：書名暫譯，目前無中文版）。不過，想要變得更有說服力，我們也必須了解怎麼「立即」發揮影響力。

事先準備一場精采演講是一回事；毫無準備，只根據現場觀察到的聽眾反應和需求思考說服內容，又是另一回事。完善的準備可以幫我們預測什麼會打動聽眾，但我們也必須能夠即時傾聽現場反應，觀察所接收到的信號，眞誠回應聽眾的需求。這時如果有架構可依循，就可以讓我們更注意聽眾，並隨時調整。使用架構也可以確保我們的即興提案符合邏輯，切合聽眾的興趣和需求。

## 為什麼重要？

如果我們留意自己向其他人提案的方式，說的話語會更貼近他們的需求。他們會因此把我們當成可靠、實在、體貼的人，也就比較能聽進去我們說的話。如此一來，就比較有機會得到他們的全面支持和協助。

## 設計說話內容

想要做出切合聽眾需求的厲害提案，可以使用我在第五章提過的「問題—解決方案—優勢」架構。

**問題：**首先，指出你和聽眾正在面對的挑戰、問題或痛點。

**解決方案：**其次提出解決問題的方案，比如具體步驟或流程、產品、應對方法。

**優勢：**最後說明採取你提出的解決方案後會得到什麼好處或利益。

你應該會發現，當你想說服人時，這個架構可以適用於各種解決方案。以下是關於這三個步驟的更多說明。

### ・步驟一：具體指出問題

用聽眾可以明白的方式直接指出你們遇到的問題，越簡單扼要越好。有時你若用比較積極正面的角度看待問題，會發現這可能是改善現況或進行新做法的契機。但如果無法這麼做，你大可直接指出問題，讓聽眾知道那是需要注意的麻煩或待解決的痛點。你也可以研究對方以前曾被哪種方式說服。

**範例：**

如果你希望參加晚餐會的朋友支持你的觀點，認同城市裡的街友需要更積極的協助，你可能可以說：「這個問題在我們的城市隨處可見，就跟新聞報導的一樣。」

如果你希望同事可以有所改變，你可能可以說：「工作表現老是受到忽視，而且常常不知道團隊裡的其他人在做什麼，你對這種情況不厭倦嗎？」

在定義是問題或機會時，可以想想什麼樣的證據最有可能打動對話者。舉例來說，如果你知道他們很重視數據，那就提供具體的統計數字來支持論點；如果他們對特別的例子比較有感，那就跟他們說相關的故事，或是展示圖像給他們看。有的人會希望你用直截了當的方式指出問題；有的人則希望你可以用和緩甚至帶點幽默感的語氣說明問題。如同第六章討論過的，創造你跟聽眾之間的共通點很重要，因此在發言前你也可以思考以下基本問題：大部分的聽眾熟悉我想討論的問題嗎？他們有沒有可能完全不了解？他們對這個議題的哪個面向會比較有感？然後你就可以在介紹背景資訊時使用聽眾熟悉的詞彙，或是提及跟他們有關的面向，讓他們對你想討論的問題產生共鳴。

在指出問題時，你可能也需要讓聽眾知道解決問題的阻礙。特斯拉的伊隆．馬斯克在介紹Powerwall 住宅用大型電池時，不僅指出化石燃料排放氣體造成的全球暖化已經失控，也說明了一般用電轉換成太陽能供電的阻礙——太陽能供電的不穩定因素提高了儲電的需求，但當下的電池設計卻無法滿足大眾需求等等。多描述解決問題的困難之處可以凸顯問題的嚴重性，這時再提出可以克服所有困難的解決方案，就會更有說服力。

### ．步驟二：說明解決方案的細節

討論過問題或機會後，就可以開始介紹具有可行性的合理解決方案。如同第六章所說的，說明解決方案的方式要能吸引聽眾關注，並且易懂。如果解決方案偏複雜，也可以拆解成幾個部分，讓聽眾更容易理解。

**範例：**

「政府參考我們的現行系統後，採取了一些措施，讓政府相關單位可以跟民間公司行號合作，幫街友媒合工作機會，讓他們可以再度自力更生。」

「你可以用一些圖表記錄工作目標的進度，在每週例會前分享，讓大家更了解你的工作價值。」

### ‧步驟三：列出採取解決方案的優勢

先排列出解決方案會產生的具體好處，然後從最大、最有價值的好處開始一一介紹。

**範例：**

「如果可以讓大眾更了解街友的問題，並集結民間公司與政府形成的草根力量，我們不但能解決更多街友的居住問題，給予他們所需的支持，還能讓更多人一起合作，促進社會團結。」

「展現你的價值能加強你跟整個團隊之間的連結，還可以讓大家更認同你的工作，未來你想升遷時，這也會有所幫助。」

如果你預期解決方案會受到強烈抗拒，或是聽眾可能不完全認同你看待問題的方式，也可以試著調整架構的順序。遇到以上情況，先說好處再談問題可能會更有說服力。比如，你可以這麼說：「如果我們可以同時增加收益，並降低生產成本會怎麼樣**（優勢）**？我們現在太過依賴單一供應商，以致無法增加收益，也不能降低成本**（問題）**。如果我們可以同時將訂單發包給兩家供應商，增加營收和生產效益的目標就可以輕易且迅速地達成**（解決方案）**。」

**·額外附贈的架構**

是的，這裡還有另一個法寶可用！如果你想爲新事業或擴張事業尋求支持，也可以利用以下句型：

**「如果可以……你覺得會怎麼樣？」**

**「如此一來……」**

**「舉例來說……」**

**「不只如此……」**

**範例：**

「**如果可以**更有效率地處理訂單，同時提升顧客個別體驗的品質，**你覺得會怎樣？如此一來**，顧客就可以更快收到產品，你也可以更快收到錢。**舉例來說**，XYZ公司使用我們的平臺後，處理訂單的速度比以前快百分之五十，每筆交易都提早一週到款，顧客滿意度也提升了。**不只如此**，我們收集的數據和演算法可以推薦顧客更想要的商品，這樣他們就會跟你買更多。」

## 修飾你的發言

好好利用「問題—解決方案—優勢」架構確實可以幫你改變聽眾的心意。如果想要增加成功率，還可以參考以下做法：

### ・訣竅一：使用類比

使用類比或比較，可以幫聽眾更容易理解架構中的不同部分。在指出問題嚴重性或機會的影響時，你可以拿廣爲人知的情況來類比。例如，在商務場合中，你可能可以說：「我們現在遇到的供應鏈問題，跟另一條產品線遇過的問題很像。」或「先前以用戶端設備爲基礎提供產品，現在要轉換成提供雲端服務，這個過程很像之前從桌上型電腦轉換成行動裝置的情況。」

同樣的，你也可以用其他領域的成功解決方案來類比自己支持的方案。假設你是健康管理工作者，正試著說服某人減少攝取碳水化合物，你可以這麼說：「幾年前你減少週間的飲酒量，現在你要少吃碳水化合物，道理是一樣的。」你也可以爲解決方案的優勢找類比，例如你正想說服科技公司的同事，可以說：「艾特萊森軟體採用類似的方案後，回應時間快了十倍。」

### ‧訣竅二：提出有一致性的解決方案

如果你能讓解決方案搭配已採取的行動，或是跟其他問題的解決方案有一致性，聽眾會更容易接受。這種方法在銷售業務界稱爲「得寸進尺法」。我們喜歡行動有一致性，也會希望其他人如此看待我們。如果發現一件事已有前例，我們同意的可能性也會比較高。比如你在爭論政府減稅可以刺激經濟成長，就要找出不景氣時期政府成功減稅救經濟的案例。如果想說服老闆讓你加薪或升遷，可以從已得到加薪或升遷的同事中，找出工作表現與你類似的例子。當你的解決方案看起來跟前例有一致性，同意也就成了必然的結果。

### ‧訣竅三：用正向詞彙描述優勢

遣詞用字很重要。用正向方式來描述解決方案的好處，說服聽眾會比較輕鬆。如果一個解決方案有百分之七十五的成功率，我們就應該指出這一點，而不是著重於百分之二十五的失敗率，畢竟大部分的人聽到有四分之三的成功機會時，都會比較興奮。第六章曾提到，在討論中增加緊張感有助於挑起聽眾的好奇心，但如果採用這類方法，就要特別注意用正向詞彙來描述解決方案，這樣才能消解問題帶來的緊張感。

因此，在描述解決方案時，可以多強調即將獲得的好處。根據受歡迎的損失規避理論，我們通常會避免風險或壞事發生，但有時爲了達成某些目的，甚至不惜有所犧牲。然而如果你指出對方會失去的事物，喚起他們的風險意識，你可能會在不自覺中讓他們對潛在的解決方案心生抗拒。

有一個我很喜歡的例子跟賣車有關。在介紹一輛車的特色和優點時，有時難免也會提到車子是「二手車」，但聽眾聽到這個詞就會想到二手車的種種缺點——運作不穩定、維修費很貴等等；如果改稱爲「晚享車」可能更好。雖然兩者差別細微，但後者的說法不會直接讓聽眾想到太多風險問題，而是指出車子跟其他車主曾經有過一段回憶，而你的聽眾雖然較晚遇到這輛車，但還是可以享受到有車的好處。

### ・訣竅四：處理障礙

很多人都想多吃蔬菜水果，少吃高熱量含糖食物。他們都知道將飲食習慣改成這種型態比較好，因爲健康飲食有助於減重，改善他們的自我感覺，還可以降血壓，並達成其他健康目標。他們可能有心想要改變飲食習慣，也可能已經開始付諸行動。

但他們總會遇到一些障礙。有可能是住的地方不容易買到蔬菜水果，也有可能是他們常常出門在外，沒什麼機會享用健康飲食。這些障礙讓人即使有心想要付出努力，也很難改變自己的行爲。結果他們還是跟過去一樣，繼續吃著漢堡、薯條、汽水。

當我們試圖影響他人時，常會著重於解決方案的好處。儘管這些好處很重要，我們還是得花一部分心力去注意，對方會因爲什麼阻礙而無法依我們的期望思考或行動。如果做不到這一點，對方可能就會覺得我們不夠可靠。想像一下，假設有人跟你說採取某個行動有多好多好，卻沒說可能會有哪些麻煩，你會有多苦惱。這就好比他們在你面前放了一個好東西，卻完全沒幫你得到它——說的人顯然沒搞清楚狀況，而你也沒得到任何便宜。

我們對其他人的要求——也就是解決方案——必須盡可能地兼具吸引力和實用性。有時這表示我們得順便提出幾個化解障礙的辦法，有時則代表我們在思考解決方案時要納入執行過程的阻礙。如果你想找朋友一起打網球，但朋友的另一半週末要工作，因此朋友必須留在家顧小孩，那麼打球的時間最好約在週間晚上，而不是週末；如果你想賣產品給某人，同時也知道對方的預算有限，那麼你可以提供「用多少付多少」的選項來解決問題；或者你也可以用另一個方法緩解對方得知售價後的衝擊——直接計算出其他產品長期使用會花更多錢，相較之下你的產品可以用得更久，長期換算下來費用更低。

我們不能只宣揚想要看到的改變，還要好好發揮同理心，想想其他人接受改變的阻礙，將這些考量納入提案說明，這樣更有機會說服成功。

### ‧訣竅五：降低完美的標準

當我們想在一個即興談話場合中影響其他人，常會希望自己有完美表現。但如同前面的章節提到的，追求完美反而會讓我們過度僵硬、不自然，因為我們會一直擔心說錯話。

其實在提案想法時，有一點不完美是好事。行銷學教授巴巴‧希夫解釋說，精緻流暢的提案演講容易招致批評，因為聽眾會忍不住想挑毛病。在聽到別人的想法時，很多人都會先抱持懷疑，因為他們會直覺想保護既有的信念和處世態度，改變自我去接納新事物讓他們害怕。很多時候，人們都會希望自己的觀點受到肯定，而提出批評或建議正好是他們有所貢獻的有力證明。

希夫提到矽谷有一句老生常談：「如果你是創業家，去找投資人要求融資，只會得到建議；但如果你去請投資人給建議（因為覺得想法還不夠成熟），就有可能得到資金。」他也轉述了一個廣告人的業界傳說：有一位高階主管跟客戶提案廣告活動，結果失敗了，因為客戶覺得活動策畫得太完美了。於是老闆建議，幫圖片裡的某個人加上很多手毛。後來客戶同意提案，而且終於有機會提出建議——去掉手毛。當你創造讓另一方有所貢獻並合作的機會，其實也是在增加影響力和說服的可能性。

因此在這裡我們學到：**有一點完美是好事，太完美卻可能反噬。**

## 實際應用範例

「問題—解決方案—優勢」架構應用範圍眞的很廣嗎？沒錯。請看看以下三個情境，包含職場和日常生活會遇到的情況，每一個情境都會分析爲什麼範例中的回應方式會對我們有利。

**・情境一：**

你正在跟某人進行工作面試，想說服對方來你的公司工作。

**回應範例：**

「你在這裡不但能精進專案管理的技能，也會有機會直接跟高階主管討論決策（**優勢**）。這個工作會讓你制定並執行產品上市計畫，表示你在公司內外都會有很大的影響力（**機會**）。我和其他面試管都希望你可以選擇加入我們團隊（**解決方案**）。」

在這個案例中，我們從優勢開始。讓對方直接看到做這個選擇的最大好處，可以讓他暫時不去想其他工作有什麼好處，而是想其他工作不見得有同等機會。強調培養技能的好處和拓展人脈的優勢，更能凸顯這是一份好工作。

**・情境二：**

你想讓某人幫忙。

**回應範例：**

「我想重新整理兩個大書櫃，這樣才能把新地毯放進書房，看電視時也能看得比較清楚（**問題**）。我之前幫過你搬過新沙發，所以今晚希望你能回報一下，過來幫我搬書櫃（**解決方案**）。搬完後，我們就可以邊看球賽邊喝一杯（**優勢**）。」

在這個案例中，提起之前幫過對方的忙，可以增加對方答應的機率；同樣的，立刻強調「受害者」可以得到的好處，也會讓對方比較容易同意。

**・情境三：**

你要跟另一半外出吃晚餐，想說服對方去你選的餐廳。

**回應範例：**

「我知道你想吃義大利菜，不過我聽說那家中式餐館換了菜單，而且他們的主廚剛得了一個重要的獎（**機會**）。要不要我們今晚去吃中式餐館，週間再找一天做義大利菜（**解決方案**）？這樣的話，我們就可以吃到中式餐廳的新菜色，而且自己在家煮義大利菜可以多煮一點，之後當午餐還可以省錢（**優勢**）。」

在這個案例中，承認對方的觀點較能讓人覺得你講理、有同理心，因為表示你有聽進對方的渴望和想法，不是單純地想靠欺壓對方來達到自己的目的。指出好處有助於對方達成長期目標，也可以讓你的說法更有說服力。

## 結束這回合以前

看到孩子在對話時靈活使用說服的技巧，總是讓我覺得很有趣。我大兒子十二歲時，要求我們買一把昂貴的電吉他給他。那時候，他的衣櫃裡已經塞了許多很少碰的玩具和設備，我不想看到他買了電吉他之後沒學多久又放著不用，便拒絕了。結果他說了一段架構很完整的即興提案。

他說：「爸，你跟媽不是一直鼓勵我要多發揮創意，讓我盡量找事情給自己做嗎？」他在這個開場白中為我們和他自己提出了一個機會。接著他開始說明解決方案：「如果你們買吉他給我，我就可以自學音樂，在我房間裡練習。」最後是有利於他自己和我們的好處：「你最喜歡卡洛斯·山塔那，我第一首想學他的歌。我朋友還說，學了吉他以後，數學課有變得比較好懂。」

這段請求讓我太太和我對他刮目相看，後來便答應他了。更讓我們驚嘆的是，才過幾週，他就用新吉他彈出一些滿酷的音樂。我兒子之所以能成功說服我們，關鍵在於他能用簡明又合理的方式回應我們關心的事。你的提案也能成功，提升成功率的重點在於善用說服架構——你不能硬是敲門要人買你的東西，得好好觀察並回應他人的需求才行。

# 應用四：征服問答時間

## 重點見解

在正式演講大放異彩後，要怎麼應付沒有結構可言的問答時間？在會議中，或是在一對一面試或訪談時，要怎麼應對突如其來的問題？很多講者都不喜歡問答時間，覺得身在其中像是被圍毆，也擔心一旦講錯話，會損害自身的可信度。如果我們換個角度來看，問答時間其實沒那麼像躲避球，反倒像是跟聽眾對話；在對話中，我們會發現意見交流的機會，也會發現延伸演講內容的機會。了解這點，我們就能保持自制，征服全場了。

## 為什麼重要？

把問答時間形容成機會，聽起來可能有點太樂觀，但這個時段確實具備正式演講和會議沒有的優勢。首先，你可以在聽眾面前展現比較眞實的一面。他們知道你在這個時段沒有背稿，包括怪癖之類的眞性情可能都會跑出來。這時你如果讓自己稍微坦率一點，就可以跟聽眾建立比較深的連結，也會讓他們覺得你和藹可親。同時因爲你在互動時會把聽眾當成個人看待，也可以藉此更了解他們的個人信念和特質。

問答時間也可以讓你釐清一些想法，延伸討論正式演講時沒有機會講到的觀點。如果你毫無準備就能流暢回答問題，正好可以展現你對特定主題的熟悉程度，非但不會損害可信度，還有利於你的信譽。

以結果論，在問答時間你可以：進行更多交流，更深入討論演講主題，用更人性化或更具個人特色的方式傳達訊息。

## 設計說話內容

即時回答問題時，你可以利用我稱爲ＡＤＤ的架構，讓聽眾更有收穫。

**A——回答問題（Answer the question）**：首先，用具有宣示性的簡單一句話清楚回答問題。

**D——舉例說明更多細節（Detail an example）**：其次，提供具體的證據支持你的答案。

**D——描述價值（Describe the value）**：最後，列舉好處，解釋爲何你的答案對提問者有意義。

你不需要完全依序使用這些步驟，但要記得，一個好的回答會提供答案、具體細節，還有關於意義或價值的陳述。具體細節非常重要。因爲我們聽人說話時，比較容易記得細節，而不是概括性的大概念。提供生動的細節時，我們可以讓聽眾更容易記得回答的內容。而留意回答與聽眾之間的關係，也會讓訊息更具急迫性，更吸引聽眾。

ＡＤＤ是非常好用的架構，我在當人資主管時，也曾教有希望的應徵者使用這個架構。在面試剛開始時，我告訴應徵者，我會問他們一些問題，希望他們回答時能提供答案、支持的細節，並解釋這個回答的意義（也就是如果他們應徵上了，他們的答案會在工作上有什麼幫助）。結果非常不可思議。應徵者回答問題的方式變得更清楚明白，而且在知道有公式可依循後，他們感覺比較沒那麼緊張。我也因此更容易決定讓誰加入團隊會是更好的選擇。

接下來我們來仔細看看ＡＤＤ的步驟吧！

**・步驟一：回答問題**

盡量簡單扼要地直接回答問題。不需要提供開場白或詳細的背景，直接說出答案即可。拖延或離題可能會影響答案的清晰度和眞實性，降低你的可信度。

**範例：**

假設你在工作面試時先做了一個正式的介紹，接著有人問你的經驗，你可以直接回答：「我在這個領域有十五年的經驗。」

在公司的一場大會議中，你代表團隊報告工作進度，有一位高階主管問你，爲什麼進度落後，你可以回答：「供應鏈出問題，補貨來不及，拖慢了我們的進度。」

### ・步驟二：舉例說明更多細節

想一個重要的例子來支持答案。例子不必講得太詳細。雖然適度地說明有所幫助，但太多細節可能會讓聽眾無聊到分神或聽不下去。你可以只用幾個句子回答四、五個細節就好。

**範例：**

「我曾經在三家公司服務過（列舉公司名），工作內容包括制定一些新計畫，領導跨部門團隊，並且向高階主管回報工作成果。」

「例如，產品基座的材料因爲關稅問題在港口卡了十天。」

### ・步驟三：描述答案對提問者的意義

我們常常以爲，聽眾會馬上明白爲什麼我們的回答跟他們有關，而且很重要。但不幸的，事情不見得如此。爲了讓聽眾理解我們的答案有什麼價值，並讓他們更了解我們的能力，我們應該向聽眾明示答案的重要性。

**範例：**

「這表示我可以很快就辨識出工作上的難題，也可以很快地爲團隊面臨的問題想出解決方案。」

「我們已經跟更多供應商簽新合約，也在研究運輸替代方案，希望可以減少未來的進度延遲問題。」

第二個例子跟第一個不同，處理的是具負面意義的質問。在這種情況，我們可以在資訊中加入「細節攸關性」，讓提問者知道我們正在採取什麼補救措施。想像一下，我們在應徵工作面試時，面試官突然問我們自己有哪些缺點需要改進。我們可以這麼回答：

「我很容易因爲回信或即時訊息時太忘我，打亂工作節奏（**回答**）。比如，我每天上班時，信箱通常會有二十封信要回，我會爲了回信而比較晚開始做正事（**細節**）。現在我會設一個十分鐘提醒，聽到手機響就知道，要停止回信或回訊息，先去處理好其他事再說（**意義**）。」

## 修飾你的發言

ADD架構可以避免我們用太長的答案回答問題。我們可以迅速果決地給答案，讓聽眾得到好記又有意義的資訊。如果想增強ADD架構的效益，讓你的回答更有價值，可以參考以下做法：

### ・訣竅一：預測會出現的問題，事先準備答案

雖然問答時間是即興談話場合，我們還是可以有所準備。事前可以想想會出現什麼問題。在問答時間前的正式演講中，你花最多時間準備的是什麼主題？你可以想像最難的相關問題是什麼？你知道一定會有人問的問題是什麼？你掌握多少聽眾的相關資訊？依你對他們的了解，他們可能會問哪一類的問題？

想到可能會出現什麼問題後，就可以利用ADD來思考怎樣回答最有說服力，然後進一步把這些問題當成延伸主要談話內容的機會。想一想在回答問題時，你最喜歡談論的主題或論點有哪些？另外也想想，你有沒有可能調整正式演講的內容或會議流程，先回答這些問題，或是給聽眾多一點資訊，讓你之後比較容易回答問題。

如果你在準備過程中想不太到有說服力的答案，可以試著用一些辦法盡快查找，例如請教學識淵博的人，或是花一些時間上網研究。想到滿意的回覆之後，試著大聲說出來，也可以錄下來，聽聽看自己講得怎麼樣。如果找不到答案，想一想你可能可以怎麼回答。如果是我遇到無法回答

的問題，我通常會承認不知道，並承諾事後會在一定的時間內回覆提問者。

## ・訣竅二：將問答時間放在對你有利的時段

問答時間往往是在演講或會議的最後，但不見得每次都如此。如果你的演講囊括數個主題，或是分成兩個部分以上，在轉換主題前先停下來接受聽眾提問也很合理。一般來說，最好可以每講十分鐘，就讓聽眾問一些問題。這樣他們比較會有參與感，同時你也能藉機觀察他們有沒有跟上你講的內容。但另一方面，常常暫停可能會把演講或會議時間拖得太長，紊亂的說話節奏可能會令觀眾難以專注。如果你要說的內容短於五分鐘，最後再進行問答會比較好。

如果你對主題還不夠熟悉，或是覺得緊張，建議你講完後再接受提問。你的自信可能會隨著講話過程提升，同時也可以觀察到哪些論點特別讓聽眾動容，之後在回答問題時，就可以利用這些資訊。問答時間放在最後的另一個好處是，你可以好好講完先前準備的內容，不會被出乎意料的問題打亂節奏。

無論你想何時接受提問，一開始就要讓聽眾知道自己應該期待什麼。如果事先知道你到最後才接受提問，他們就比較不會中途舉手打斷你，也可能會因此決定先寫下問題，避免想問時忘記。總之，先清楚說明演講架構，包括何時會停下來接受提問，可以讓聽眾知道接下來應該期待什麼，感覺會比較安心。

**・訣竅三：設立界限，控制場面**

在問答時間，你所能掌控的事物比你想的還多。設定聽眾期待時，你可以先說明接受幾個提問、願意用多少時間、接受什麼樣的問題等等。規則都講清楚之後，如果出現不符合規則的問題，就可以拒絕回答。

你可能可以這樣說：「在演講最後，我會留十分鐘讓大家提問。如果你們想多了解我們團隊的新工作計畫，還有這個計畫的市場潛力，我們很樂意回答任何相關問題。」在工作面試中，你也可以說：「如果你們對我先前的工作經驗有任何疑問，我會很樂意回答。」

你可以在提問時間開始時，就小心控制整個場面。很多講者在問答時間一開始只會說：「大家有什麼問題嗎？」最好別這麼做。有些聽眾會以爲，這表示跟演講主題無關的問題也可以問。如果你在演講開始時有設定聽眾期待，這時可以再提醒一次：「現在有人對我們的新計畫有任何問題嗎？我想再提醒一次，問答時間只有十分鐘。」

### ・訣竅四：讓問答時間漂亮收尾

假設你用了ＡＤＤ架構，還有這本書提到的所有訣竅，在問答時間表現得很好。接下來你最想避免的應該就是在最後一刻搞砸。很多講者作結的方式都不夠落落大方，在下臺前只會說：「謝謝。」或「好的，現在我們可以結束了。」確實應該感謝聽眾聽我們說話，但你也可以提醒聽眾講過的重點，讓結束時的氣氛更有活力。例如你可以說：「謝謝你們的問題。顯然，爲了達成目標，我們得好好執行這項計畫才行。」或「非常感謝你們的問題和發言。相信我們可以一起讓這項新措施成功。」想一想你希望聽眾在演講或會議中得到的最重要訊息，並且用一句話總結。如果你事先想好結束時可以用哪些句子，最後應該就能完美收尾。

### ・訣竅五：在多位講者的問答時間當指揮

在論壇會議、團隊會議之類的場合，講者通常不只一人，而是會有好幾位講者一起合作。在多位講者的問答時間中，如果沒有協調好，很容易造成尷尬場面：要不是沒人回答問題，就是好幾個人搶著回答。

想讓多位講者的問答時間進行得更順暢，你可以用「交響樂團指揮法」。在問答時間開始前，先讓其中一位講者充當指揮。這個人負責接受提問，然後決定要自己回答，或是依據職位權限或專精領域分配給其他講者回答。好的指揮會確保所有講者都得到合適的發言時間。有他們像樂團指揮般主導問答的進行，場面看起來會比較有秩序，問答也會進行得比較流暢。

### ・訣竅六：沒人舉手就自己先問

問答時間開始後，聽眾不見得有辦法立刻問問題，這是可理解的。畢竟他們就跟你一樣，正在適應獨白到對話的切換。有的聽眾可能會不好意思開口，在人多的場面尤其如此。也有人可能很想問問題，但不想當第一個。

當你讓聽眾提問，卻沒人舉手或接近麥克風，可以先等一等。有些緊張急躁的講者可能不會這麼做——他們一看到沒人問問題，就立刻結束整場活動。我覺得這樣處理不太好。有人想必有問題要問。

在某些場合，這個人可以是你。如果你等了好幾秒（我建議要等整整五秒）還是沒人舉手，你可以自己問一個「後備」問題——想像一下你在後口袋放一個備用問題，專門應付這種情況。這個問題最好是你可以輕鬆回答的問題。你可能可以這樣說：「常常有人問我一個問題……」或「我第一次聽到這個主題時，有一件事一直讓我想不通……」

自問自答第一個問題通常可以破冰，增加另一個人問出第二題的機率。如果這時還是沒人問問題，那你就可以準備收尾了。這可能不是我們期望的有趣問答時間，但你至少回答了一個問題。

## 實際應用範例

如同我說過的，我們可能在很多場合都必須接受提問：參加論壇當講者、在Podcast節目受訪、跟主管解釋工作表現，甚至是第一次約會。以下會依這些情境提出建議，讓你知道可以怎麼利用ADD架構簡潔有力地回答問題。要讓提問者滿意，就必須留意細節的置入，並讓他們覺得答案與他們有關，以下也會針對這兩方面說明。

### ・情境一：

你去應徵工作，面試你的人資經理要你描述最近處理過的挑戰。

**回應範例：**

首先你可以先設立界限，指出你要分享的範圍只限於最近的一份工作，不會提及其他工作經歷，然後開始回答問題，像這樣：「大約半年前，有一位同事常常無法準時提交工作成果，而且都拖到最後一刻才說；他的表現嚴重影響了我們這一組的工作進度（**A**）。比如他會遲交使用者報告，但我們必須要有使用者報告才能及時完成產品修正計畫（D）。爲了處理這個問題，我私下跟他說如果他需要，我可以幫忙，只是他要提前兩天讓我們知道。我處理麻煩情況都會比較直接，也會盡量幫助有需要的人（D）。」

請記住，當你回答有關處理棘手情況或自身缺點的問題時，可以學這個案例的第三部分，解釋你修正問題的辦法或計畫，讓提問者了解你以後可能會怎麼處理問題。

### ・情境二：

你正在參加Podcast節目或座談會訪談。主持人請你分享你跟談話主題的關連。

**回應範例：**

這裡的關鍵是要跟場外的聽眾建立連結。你的參與會爲他們帶來什麼價值？你可以像這樣回答：「我對溝通非常感興趣（A）。這二十五年來我一直在不同地方研究、教授、訓練溝通技巧（D）。我很期待可以分享這些年來學到的東西，幫你和聽眾在溝通時變得更自在、更有自信（D）。」

**・情境三：**

你在交流會認識了一位新朋友。你們互相問一些常見問題破冰。對方問到你那天爲什麼會去參加活動。

**回應範例：**

「我一直很喜歡學習新事物和認識新朋友（**A**）。我發現這場聚會的目標很有趣，也很有教育意義（**D**）。我希望能有機會分享過去的經驗，也很期待可以跟像你這樣的人學習（**D**）。」

**・情境四：**

你跟老闆開會，他一直問你最近你的團隊在忙什麼、表現如何。

**回應範例：**

「過去兩週我們一直在處理客訴問題（**A**）。自從產品升級後，我們接到的客訴就多了兩成，都跟某兩個功能有關（**D**）。我們做了幾支線上教學影片，提供給第一次來客訴的消費者。這樣我的團隊才能專心去處理其他任務。再來，我們打算把新的教學影片先做好，在下一次升級前就先主動釋出（**D**）。」

在這個案例中，你可以注意到具體的數據很有幫助。這也是另一種使用細節加強答案的方法。

## 結束這回合以前

幾年前，我以前的學生成立了一家小型顧問公司，幫公司行號把實體伺服器裡的資料轉移到雲端。過了一陣子，他發現，如果可以賣自動化轉移資料的工具給顧客，就不需要人工轉移，公司營收可以成長得更快。於是在他的領導下，公司從銷售顧問服務轉換成銷售軟體。

你應該可以想像，這時他公司裡的顧問和其他員工開始產生疑慮。有些人擔心失業，有的人則疑惑，公司以顧問服務為主做這麼久了，這時轉成賣軟體，業績還會不會像以前一樣那麼好。為了讓公司保持團結，我的學生必須跟員工溝通公司的商業策略，有時還必須直接面對比較尖銳的質問。

我們一起合作培訓他的即時問答技能。我教他使用ADD架構，也陪他練習了某幾種問題。他認為ADD架構很有用，因為他可以適切地用細節說明立場、展現他的可靠。員工和顧客因此更明確知道他的回答對他們有什麼意義，跟公司的願景和發展又有什麼關連。即使員工不見得喜歡他說的每一句話，他們還是感覺得到他有顧及他們和所在乎的事，就像直接跟每個人一對一溝通一樣，而且他的答案重點清晰，顯然經過慎重考慮。

我學生的回答沒有變成浪費時間的獨白，而是盡其所能地為聽眾貢獻價值。結果，在這段公司人心最動盪的時刻，他不但成功應對了許多員工的質問，還將這些即興問答當成深化夥伴關係的機會，讓更多人接觸到他眞正的想法，鞏固了他的領導地位。

別讓即興問答嚇跑你。好好利用ＡＤＤ架構的三大步驟，你也可以主導場面，跟其他人好好交流。比起用防衛姿態應對，這個做法讓你有機會可以強調自己的想法，並傳達出想法對他人的意義。最後你的名譽非但不會受損，還可以貢獻價值。

# 應用五：回饋意見不搞砸

## 重點見解

給予意見時，我們常常站在評判他人的角度，想要傳授智慧或教別人怎麼做事。如果我們給予意見回饋的做法，是邀請對方一起合作解決問題，不但可以得到更好的短期結果，也可以加強彼此的長期關係。

## 為什麼重要？

當我們只想著要讓人知道自己的想法時，可能會給人高高在上的感覺，其他人反而會不想聽我們的話。當我們自認爲是具有權威性的評判者，從較高的地位講話，意見的接收者就只能被動地聽話。如果情況好一點，也許可以成功表達自己的看法，但錯失合作機會；如果情況糟一點，可能會激起意見接收者的防衛心，讓他們覺得我們不知變通、要求很多、令人疲憊。

如果把意見回饋當成邀請，讓對方一起解決問題，就可以改變對話的發展方向，不但可以避免激起對方的防衛心，雙方還能以開放態度共享問題和責任。我們不必再對其他人指手畫腳，告訴他們該做什麼，而是肩並肩一起當隊友，改善行爲或是正在做的事。這麼做更能幫我們取得眞正的進步，並加強（而不是弱化）人際關係。

## 設計說話內容

有個架構很適合拿來提供意見，對方聽了不但心裡舒坦，還會樂意合作，我稱為**4I**：

**資訊（Information）**：首先觀察你想提意見的行動或做法，具體說明。

**影響（Impact）**：接著解釋這些行動或做法對你的影響。

**邀請（Invitation）**：然後邀請對方一起合作處理你評論的行動或做法。

**可能的後果（Implications）**：最後分析採取或不採取建議的正負面後果。

依這個架構給予意見可以清楚傳達具有建設性的訊息，比較有希望召來一個正向結果。

### ・步驟一：提供資訊

首先，針對你要評論的人或工作表現，客觀地說出你的觀察。儘管很難做到，但還是盡量別挾帶情緒，只講明確有證據的事實。

**範例：**

最近下屬遲交報告，身爲主管的你想提出意見，就可以說：「你應該已經發現，董事會快要開了，但你遲交顧客淨推薦值報告，讓我們來不及把資料放進董事會要用的簡報。」

如果你是老師，要給學生意見回饋，可以這麼說：「你在第一次考試裡拿了A，但最近兩次考試都拿C⁻。」

請記得，沒有要討論的事情別在這時提到。在第一個情境中，你可以先說：「我今天想跟你討論的是交報告的時間，不是報告的品質。」在第二個情境中，你則可以說：「你的出席率和參與度都很好，但我想討論你準備考試的情況。」先說出對話的目的可以幫你和對方釐清討論重點。

## ・步驟二：呈現影響

攤開重要的事實後，說明你對需要改善的行爲有什麼想法和感受。請直接使用第一人稱單數代名詞，比如「我認爲」「我覺得」。你必須表達自己的想法和感受，這樣才能展現這個問題行爲對你的重要性。當你願意爲自己的感受負全責，對方也比較不會提高防衛心，或是覺得受到責備。

**範例：**

「現在董事會不清楚我們上一季提升了多少顧客滿意度，我覺得很可惜，因爲我們沒機會向他們報告新計畫帶來的成效。」

「我很擔心你無法達成學期初設立的目標。我也擔心，如果這一科沒過的話，你就沒辦法申請到最想上的大學。」

在提到你想討論並解決的問題時，要直截了當地說明這件事爲什麼重要。你的下屬可能不知道自己的工作跟公司計畫有什麼關係，如果你能讓他們明白自身工作的重要性，對整個團隊的運作會比較有益。此外，學生的人生經驗有限，可能難以看清一時不用功對未來的成就會有什麼影響。

### ・步驟三：提出邀請

向對方提出請求時，講得越具體簡潔越好，最好還能讓對方覺得，他們願意依你的提議做出改變是在幫忙。你可以用問句提出請求，鼓勵對方更積極參與；如果是用陳述句提出請求，則能讓對方比較清楚合作的方向。

**範例：**

「我們要怎麼做，才能確保你的報告準時交給執行長的幕僚長？」或「我希望你以後交報告給執行長的幕僚長，時間要在董事會簡報檔繳交期限的前一天。」

「我們要怎麼合作，才能讓你在下次考試前有更好的準備？」或「我希望你下次考試前參加我每週五開的輔導課。」

任何溝通的遣詞用字都很重要，給予意見回饋時尤其如此。使用「我們」和詰問可以讓雙方都處於同一層級，有助於共同合作推動改變。你的提議表示，意見接收者可以握有一些解決問題的自主權，讓他們覺得自己的想法是解決方案的重要部分，而不是應該被擱置一旁的問題。

同樣的，不用詰問，而是用陳述句提出邀請，可以讓你的請求更清晰明確。如果你之前提過類似意見，或是時間很緊急，這種單刀直入的表達方式就很適合。

### ・步驟四：分析後果

最後，讓對方知道，接受或不接受你的意見可能會有什麼後果。你可以只說出正面或負面後果，或兩種都提出。

**範例：**

「如果董事會的簡報包含顧客淨推薦值報告，大家就可以知道我們多努力服務客戶，還有你們團隊的工作有多重要。」或「如果董事會沒有在簡報裡看到顧客淨推薦值報告，他們可能會懷疑我們沒有盡力達成顧客滿意度的目標與關鍵成果，之後可能就會考慮重整客戶服務部門。」

「如果你下次考試拿到A，這個科目的總成績就會是A⁻。你想想，這樣結束這學期不是很好嗎？」或「如果我們沒辦法幫你提高考試成績，你的成績可能沒辦法申請到大學的運動員獎學金。」

## 修飾你的發言

在毫無準備下要給予意見回饋時，使用4I可以讓我們的評論更簡潔易懂、更容易爭取到配合。此外，執行這個架構的方式也很重要，以下是值得一記的訣竅。

### ・訣竅一：準備

當我們發現自己可能需要給予意見回饋時，可以在組織訊息前先問自己以下問題：

**一、為什麼這個人會做出我們不喜歡的行為？**

**二、提出意見後，我們可能會有什麼好處或損失？如果不提出，又會怎麼樣？**

**三、我們想要看到什麼樣的行為？**

討論意見時，我們應該要思考：什麼程度或類型的意見對意見接收者比較好，或是他們比較想聽哪一種。這麼做不但更能讓話語聚焦，也能讓對方知道我們是在尋求合作。我們也應該問自己，這些意見是否能發揮作用；若不能，不如乾脆不提。舉例來說，同事抱怨我們一起開過的某場會議令他感到沮喪，我可以先確認他是否想要我的支持和建議，或者他只是想發洩情緒。了解他當下的需求後，就能判斷要怎麼回應比較好。

我太太問我意見時，常常會反過來提供我一些具有建設性的想法，讓我學到要怎麼給意見比較好。在分享意見時，我往往會提供建議和替代方案，不過她會希望我更注重她的感受，所以現在我會在回答前先問她想聽哪一類意見。

### ‧訣竅二：選好時機

無論是否為即興提供意見，選對時機往往會得到更好的結果。當一個人做出冒犯行為，我們確實應該在那之後盡快提出意見，不過我們還是需要一點時間讓強烈情緒沉澱下來，因此可以等到自己能夠冷靜、有條理地表達意見時再找對方說話。如果你在受到冒犯後因為某些因素無法馬上回饋意見，至少要讓當事人知道你希望不久後可以找時間談這件事。特別標記這個事件可以提醒他們記得這件事。

### ・訣竅三：注意場合

適時提供意見的另一個原則是注意環境的重要性。在當下的環境說出意見能達到我們想要的效果嗎？考慮到意見接收者正處理或經歷的事，這時說出意見合適嗎？

只有在當事人都有所準備，並處於合適的心理狀態和環境時，才會比較容易採納別人的意見。或許在熱鬧的公開場合遇到朋友或同事時，我們會想給一些意見；但如果想談的議題很嚴肅，這可能不會是好主意，因爲他們也許有別的事要處理，或是希望私下聊，或是他們可能心情不好，無法冷靜理性地與你交流，也就是如資深排球隊教練魯賓．聶維斯所說的，你正好遇到對方「難以受教的時機」，這時他們可能會難以消化接受突如其來的意見。

考慮場合時，我們也應該盡量以面對面親自談爲目標，先不考慮線上談。用視訊交談或寫信或打電話等方式，可能很難有效傳達意見，因爲無法馬上捕捉到對方的反應，也難以依據環境來調整我們想要傳達的訊息。

### ・訣竅四：調整語氣

同樣都是使用 4 I 架構，說話的語氣可能會傳達出截然不同的感覺。假設有一位同事連續三次開會遲到十分鐘，我們可以用 4 I 架構說：「嘿，我發現你遲到十分鐘，這已經是第三次了。

我覺得你似乎沒有像我那麼重視這個會議。有沒有什麼辦法可以幫你準時來開會，這樣我們的計畫進度才不會落後？」

如果事態具有急迫性，我們可能可以用更嚴肅的口吻來使用4I架構，像這樣：「你這次開會又遲到十分鐘，我覺得你好像沒那麼重視這個會議。我希望下次開會時你可以提早十分鐘到，如果做不到的話，我們也許只能請你離開這個團隊。」

留意一下兩者差異。第一種說法採取配合的語氣，因為我們以提問的方式表示願意一起解決問題。第二種說法是聽起來比較強勢的陳述句，我們也指出了如果不配合可能會有什麼負面後果。了解到語氣的重要性後，我們就能根據需求來即時調整語氣，以便更清楚傳達訊息。

## ・訣竅五：保持平衡

在每次即興互動中，我們不該只想著提供批判性意見，有時也要提供正面意見。使用4I架構時，先說意見接收者的好話，可能會讓事情比較順利。先說正面評價可以讓對方覺得你認同他們，以及他們付出的努力，之後也會比較聽得進去你的建議。當然，你也必須讓對方認為你的稱讚與建議具有相當程度的重要性。如果你先稱讚對方的服飾，接下來卻想要指正工作品質，對方可能就會覺得你不夠世故，只會勉強自己說好聽話，或是覺得你矯情。更好的做法是稱讚他們的實質貢獻，比如在最近的會議中指出重要的問題，或是協助公司的新人等等。

### ・訣竅六：監控情緒

在給予意見時，我們應該仔細觀察意見接收者的反應。如果他們開始爲自己辯護，變得情緒激動或是心不在焉，我們就得調整說話內容。同樣的，我們也要留意自己在對話中的情緒狀態。我們是否越來越激動、無法有條理溝通？我們是否應該增加或減少情緒相關的內容，讓整體表達更好懂？如果雙方都受到情緒影響，可以先別指認情緒，但試著承認情緒的存在，然後回歸比較客觀的討論。這時指認情緒可能會有一些風險。比如說我指出你看起來很不悅，你可能會回答：「我才沒有，我只是覺得很灰心。」我們可能會變成在爭論情緒狀態，結果反而沒注意應該要解決的問題。承認但不指認情緒的做法可以像這樣：「從你的聲音聽得出來這件事對你很重要。我相信只要先排好日程，就可以找到好辦法解決問題。」

### ・訣竅七：集中焦點

我們可能同時有好幾個意見想提出，但最佳原則是：少即是多。如果一下子給太多意見，對方可能半個都沒吸收到。我們最希望對方做出的一個或兩個改變是什麼？或者我們最希望對方知道的一件或兩件事是什麼？先集中精神處理這些事，其他意見以後再談。

## 實際應用範例

以下分別是三種你可能會遇到的即興談話情境，包括有人要求聽取你的意見，以及你在目擊某些行爲後想要提供意見。我也會依據你跟另一個人的權力位階關係來提供回應的建議。在所有情境中，會有幾個控制變項，包括用字遣詞、提出邀請的方式（用問句、建議或陳述句），還有場合與旁觀者。隨著使用 4I 的熱練度增加，你因應情境調控變項的能力就會越強。

### ・情境一：

你的同事請你幫忙看即將寄給潛在客戶的電子郵件。你發現內容寫得頗含糊不清。

**回應範例：**

「我注意到你雖然寫了三段，卻沒有提出任何清晰的請求（**資訊**）。如果是我收到信，可能會不懂你的意思（**影響**）。我有兩個建議：一，刪掉上次的會議摘要，直接附上會議紀錄的連結；二，把你想要對方採取的行動放在信件主旨（**邀請**）。這樣改的話，我想收到信的人可能會比較快回覆（**可能的後果**）。」

### ・情境二：

老闆跟你的團隊開會時，總是比較注意團隊中的男性，也偏好採用他們的意見，團隊中的女性很不滿，士氣大受打擊。

### 回應範例：

「有一件事我覺得你應該知道，今天開會時你問在場的人有什麼想法，都只叫男生發言，不讓女生舉手說話（**資訊**）。我擔心這會讓我們團隊中的女性覺得你重男輕女（**影響**）。如果要讓女生也多加入討論，我可以幫上什麼忙（**邀請**）？如果我們可以解決這個小問題，你會發現我們團隊的所有成員都很有想法，也都可以幫忙解決你要處理的棘手問題（**可能的後果**）。」

### ・情境三：

你跟孩子參加一個社交活動。在場所有人都在互相認識、交流，可是你的孩子卻一直在玩手機，不跟人聊天。

### 回應範例：

「你一直在看手機，有兩個人過來打招呼，你都不理他們（**資訊**）。我覺得你這樣不理周遭的人很沒禮貌（**影響**）。接下來十到十五分鐘，請你先把手機關靜音並收起來（**邀請**）。如果你繼續玩手機的話，我就會在回家前先幫你保管手機（**可能的後果**）。」

## 結束這回合以前

最近這幾年，我一直在幫忙指導一位名叫艾莉絲的史丹佛博士生，她後來也去了一所長春藤聯盟大學教溝通。我們始終保持良好關係，陸續有各種合作。剛開始教書沒多久，她就打電話跟我說她很挫折：那時她收到第一批教學評鑑，學生給的分數都很低。雖然學生認同她的教學有所價值，可是他們覺得她一下子塞太多資料了。艾莉絲想聽我的意見：她應該在意學生的批評嗎？還有我覺得她應該對負評做何反應？

我立刻利用 4I 架構指出她的問題並回答：在課程大綱上，她訂的作業繳交日和指定閱讀完成日常常都在同一天，而且大多都是星期一，這表示學生週末要花很多時間寫作業（**資訊**）。我發現只要稍微調整一下，她的課程大綱就比較能配合學生的行事曆。我也跟她分享說不必太擔心學生的負評（**影響**）。我鼓勵她用解決問題的思維看待負評，也提供我的課程大綱給她參考怎麼安排交作業的時限**（邀請）**。最後，我建議她參考學生的意見，這樣她就能改進教學技巧，在之後得到更好的評價**（可能的後果）**。

艾莉絲聽了我的建議後，轉換看待學生意見的思維，重新安排課程大綱的作業和指定閱讀。過了一學期後，她打電話來回報她收到另一批教學評鑑，心情很好，因爲這次學生給的評價比之前好很多。她對我的意見和支持表示感謝。因爲有這次事件，我們關係變得更好，也展開了新的合作機會。

給意見回饋是我們對他人展現擔憂和關懷的一種方式。如果我們花時間心力做這件事，不但能在短時間內幫到別人，也有助於建立互敬互信的長期關係。讓一切有所不同的正是邀請合作的態度。

# 應用六：道歉的祕訣

## 重點見解

這本書講到的許多方法讓你可以在即興談話場合盡力表現。但如果犯錯了，會發生什麼事？如果不小心冒犯到人或行爲失當，要怎麼處理比較好呢？

知道怎麼好好道歉是很有用的技能，當我們想要在即興談話場合做更多嘗試、流露眞性情，學會道歉尤其重要。很多人並不明白要怎麼說對不起，得罪人時，我們可能因爲沒有妥善道歉，甚至沒道歉，把場面搞得更難看。沮喪的受害者也可能以爲我們反應遲鈍、虛情假意或粗魯無禮。出錯之後如果能有效溝通，還是可以建立連結和合作關係，但如果沒有採取適當的應對措施，可能就會引起衝突和怨懟。我們應該了解眞誠道歉的要素，並用前後一致的合理架構串連這些要素，就可以避免遺憾的結果。

## 為什麼重要？

電影《她披上了黃絲帶》在一九四九年上映，其中約翰．韋恩飾演的角色有一句經典臺詞：「先生，千萬別道歉。弱者才道歉。」直到現在，有些公眾人物仍將這個典型的誤解奉爲圭臬，因此他們通常不道歉，或是只在不得已時勉強道歉。我想澄清：道歉不是脆弱的象徵，而是有勇氣、有力量的舉動。道歉代表我們在乎人際關係（包括我們跟熟人和陌生人的關係），爲了創造讓每個人都自在的美好環境，我們願意放下自尊心。

在不同人際關係中，道歉可以達成各種不同目的。最明顯的目的是減少其他人對我們的怒氣和不滿、避免他們報復。道歉也是在向其他人保證我們不會重蹈覆轍，爲將來的互動鋪墊信任的基礎。恰如其分的道歉可以讓人明白我們不是混蛋，我們的討厭行爲是一時的——因爲我們立意良善，只是沒辦法在這時拿出最好表現。收到道歉後，被冒犯的人可能會感受到我們的同理心，這將有助於雙方加深關係。

## 設計說話內容

想確保你的道歉說到對方心坎裡，可以用我稱爲**AAA**的架構。當你遇到麻煩時，可以把這個架構當成緊急道路救援。請見以下說明：

**承認（Acknowledge）**：首先指出自己冒犯他人的行爲，承擔責任。

**理解（Appreciate）**：其次認同他人對冒犯行爲的指責。

**彌補（Amends）**：最後說明你會怎麼彌補過錯，例如採取或不採取什麼行動，或是改變什麼想法。

世上沒有適用於所有情況的道歉。只有我們得罪的人能估量，道歉是否符合罪過。如果我們不小心開會遲到五分鐘，有條理地致歉就能輕易得到諒解；但如果我們在無意間羞辱或爲難某人，同樣的方式未必有用。無論我們的過失有多嚴重，受到傷害的人總希望看到我們坦承一切，承認我們的行爲對他們造成影響，讓他們感到很受傷，同時也會想知道我們會怎麼補償。將這三個要素組合成一個架構之後，就可以盡量確保每一次道歉可以安撫受害者的感受、傳達我們的同理心。接下來我會進一步說明這些要素，還有要怎麼執行這個架構。

### ・步驟一：承認行爲，擔負責任

我們常常聽到一些不像道歉的道歉，既沒有承認行爲，也沒有明確地承擔責任。這種道歉聽起來像這樣：「如果我說的話讓你不高興，我很抱歉。」彷彿只要對方不介意，我們說的每一句話就沒問題、很合理。也有人會說：「我有時講話不經大腦。」沒有指出他們是在爲某一句傷人的話道歉。還有人會說：「我很抱歉冒犯你。我會那麼氣是因爲聽到你那樣說我。」提出解釋反倒像是在指責別人，或是在爲眼前的情況開脫責任。

道歉時，千萬別合理化或淡化自己的行為，也別找藉口。不要只為了你讓別人有什麼感受而道歉。必須承認自己確實做了什麼或沒做什麼，道歉才有意義。描述你的行為或沒做到的事時，用字要精確，不要含糊帶過。請記住，道歉是需要勇氣的。不要扭扭捏捏，也不要操弄語言，講一些不像道歉的道歉。

**範例：**

「我很抱歉一直等到最後一刻才測試系統。」

「我想道歉，因為我在舉例時只用男性代名詞和名字。」

「對不起，我在其他人面前質疑你對這個計畫的投入。」

### ・步驟二：理解過失的影響

明確說出自己懊悔的行為後，接下來就可以向對方展現同理心。你要讓對方知道，你明白自己的過失造成了什麼損害、影響有哪些、後果有什麼，其中包括受害者的感受。

你可能想淡化行為的後果，但這麼做只會錯上加錯。這時受害者的情緒已經受到傷害，任何「想讓對方更了解為什麼會這樣」的意圖，不只會貶抑他們的反應，也會變得像你在轉嫁責任。比如，你在跟自家的青春期孩子道歉時，可能會說你覺得送他上學時在他朋友面前親一下他的臉頻「沒什麼大不了」，可是你要知道，這個小舉動對他來說就是很重大的事，同學可能因此嘲笑他，讓他覺得很丟臉；你爲自己辯護時，會讓孩子覺得你漠視他的需求，可能會讓情況更糟。無論如何，在道歉時，你應該要盡量讓受害者覺得，你眞的明白自己的行爲有什麼問題，爲什麼會傷害到對方。

**範例：**

「安裝軟體更新要等這麼久，讓你失去完成工作計畫的寶貴時間。」

「只用男性相關詞彙貶低了女性對這個工作的貢獻，令人喪氣。」

「公開質疑你有沒有投入工作，讓你在團隊面前很難看，也像在暗示你的付出不如其他人有價值。」

### ・步驟三：說明你會怎麼彌補過錯

假如你表示願意負責，也承認過失的影響，但沒有表明彌補的意願，你的道歉就不會具備分量。管理不當的公司常會犯這種錯。產品出問題時，這些公司會表現出同理心，表示願意負責，可是他們只會做出「會改進」的空泛承諾，不會說明之後打算採取什麼行動，結果事情看起來沒什麼改變。最後消費者不會再相信這些公司，也不會把他們的承諾當眞。

爲了不讓關係受損，最好可以說明你在近期內會做什麼事，避免同樣的過錯再度發生。當你具體說出即將採取的行動，也是在向受害者表明你是認眞想要彌補，並暗示自己是負責任的人。

**範例：**

「爲了避免同樣的事再度發生，以後我會在簡報開始前一小時測試系統。從下週開始就會這麼做。」

「下次開會前，我會盡量多找不同的案例，不會只用男性的名字和故事。」

「下次我如果對你的工作表現有疑問，我會私下跟你談。」

## 修飾你的發言

使用AAA做爲道歉架構，你和受冒犯的人可以盡快有效地處理發生過的事。然而，只留意說話架構本身是不夠的，怎麼說、何時說也都很重要。你可以依據以下建議增進使用AAA的技巧，加強道歉的效果。

### ・訣竅一：不要預先道歉

有時你預期自己會有冒犯的行爲，可能會想先請求諒解來停損，像這樣：「我之後可能會遲到三十分鐘，請讓我先道個歉。」或「等一下在酒會中我可能會忙著到處交際，到時如果忽視了你，我只能先說不好意思啦。」或「我要講的東西很多，所以我們的視訊會議可能會有點久。」或「我現在好緊張，如果講錯話還請見諒。」

雖然你可能會覺得，先道歉表示你在乎其他人的感受，但你說的話可能會有反效果。其他人可能會覺得你不夠誠懇：如果你知道自己抵達的時間無法配合會議時間，爲什麼不早點出門？如果你知道準備的內容會講不完，爲什麼不修改內容？如果你眞的在乎他們的感受，爲什麼不先調整自己的行爲？事先道歉可能會讓聽眾特別留意你道歉的事，等到事情發生時就會記得更清楚。

如果你懷疑自己接下來可能會冒犯人，先在心裡想好處理的優先順序。如果還有機會調整計畫或行爲來避免得罪人，最好先這麼做。如果已經沒有時間和機會調整，那就先盡力而爲，等到事情眞的發生了再說對不起。

### ・訣竅二：道歉不要等太久

遲來的道歉總比沒有好——確實有道理，而且我們的確有可能因爲當下的一些情況無法馬上道歉。比如團隊在跟執行長開會時，你打斷了某同事的發言，因此得罪了人，比較合適的道歉時機應該是在會議後，而不是當下。如果你在小孩上學前說了不中聽的話，想要彌補也只能等到晚上在家見面時。

然而，一般而言，就跟給予意見一樣，道歉也是越快越好。因爲這樣才不會累積太多怨怒。如果我們很快致歉，其他人就會發現我們很注意自己的行爲，也很負責任，然後也就會相信我們並非出於惡意。及時道歉後，也比較不會一直受到罪惡感折磨。也就是說，迅速道歉有助於雙方消除芥蒂、重新開始。

## ・訣竅三：要具體、清楚、簡潔

道歉時，講得剛剛好，就算是恰如其分。當我們對自己做的事產生罪惡感時，我們會非常在意其他人的觀感，爲此深受折磨。因爲對自己做的事太難爲情，又太憂慮別人的感受，常常會用沒完沒了的謝罪來表達歉意。重複道歉可能一時間會讓我們覺得好過，卻可能會讓對方覺得有點煩，甚至覺得不勝其擾。當過度強調自己的行爲，反而會加深這件事在其他人心中的印象，讓他們覺得更受冒犯。如果用實際的眼光評估行爲造成的損害，會發現過度道歉可能會讓對方沒機會冷靜下來，事情反倒會變更糟。

儘管道歉很難，我們還是用清晰的架構和誠懇的態度只說一次就好。應該要相信對方有足夠的風度和理性來理解我們的悔恨——也許不是立即接受，而是在經過時間沉澱和一番思索過後。

過度道歉通常是一直重複相同的道歉內容；如果犯了微不足道的過失就沒完沒了地謝罪，也算是過度道歉。如果我們犯了錯，但只是非常微小的錯，那就沒有道歉的必要。想想，每次開會遲到一、兩分鐘就要用AAA架構道歉一次嗎？如果我們出於好意說了一些正確又合理的話，可是又擔心表達得不夠精確，應該道歉嗎？越常說對不起，道歉就越沒分量，因此請用審慎的體貼看待道歉這回事。當你很肯定自己的行爲造成具體的衝擊，就應該用具體的歉意回應。你想要他人怎麼對待你，就先怎麼對待他人——這應該是値得遵循的好原則。

## 實際應用範例

AAA架構適用於許多情境，無論你犯了何等大小的過錯都行。想了解怎麼應用更好，請見以下情境。

**・情境一：**

最近工作狀況多，你覺得壓力很大。在某一次會議中你情緒失控，怠慢了一位同事。當天下午你在走廊遇到這位同事，注意到對方一臉不悅。

**回應範例：**

「我很抱歉在你解釋想法時提高音量，打斷你說話；我錯了（**承認**）。我知道自己不應該那麼好辯，這樣會讓大家覺得不舒服，破壞團隊合作的氣氛（**理解**）。從今天開始，如果我有特別熱中的主題，我會等輪到我時再開口，講話不會那麼大聲，也會在發表意見前先總結其他人講的話（**行動**）。」

這位說話者沒有試圖爲自己找藉口，只是描述了自己怎麼冒犯人的行爲。在說明影響時，除了顧及受害人，也提到了對團隊產生的負面效應。這樣更能讓受害人認知到，說話者明白自己的行爲有什麼破壞性。此外，避免公開羞辱然後私下道歉很重要。在這個情境中，及時的公開道歉會讓情況大爲不同。

- **情境二：**

有一位同事使用跟你不同的母語，你們一起合作專案，不過因爲這位同事口音太重，你聽不太懂，便不再請對方發言。這位同事向你表達不滿，覺得自己受到忽視。

**回應範例：**

「我很抱歉。我聽不太懂你在說什麼，於是只聽別人的意見（**承認**）。我理解這讓你有受到忽視的感覺，你一定覺得很難受（**理解**）。下次我會在聊天軟體上問大家的意見，這樣我就可以清楚看到每個人的想法，我也更能專心看懂並了解你和大家的發言（**行動**）。」

在這個情境中，說話者的目標很實際：雖然團隊裡有母語不同的同事，有時會造成口語溝通上的困難，但還是可以找出方法讓大家可以自在提出想法。請注意這個案例中表達同理心的方式有些微妙：說話者承認在對話中受到忽視令人難受，可能會讓受害人覺得不快，甚至受到羞辱。

### ・情境三：

你在參加一場很重要的商務視訊會議，心情很焦慮。發現自己一直念錯某人的名字時，你覺得更不安。雖然不想把事情鬧大，但你覺得有必要道歉。

**回應範例：**

「對不起我一直念錯你的名字。請問你都怎麼念（**承認**）？我可以想像一直被叫錯名字有多奇怪，有時要糾正別人也不是很方便（**理解**）。以後我會先看過所有參加者的名字，並且在會議開始前先確認好發音（**行動**）。」

在這個情境中，講者公開承認錯誤很重要，當眾詢問名字的正確發音也很重要。因爲這樣不但表示講者有意認錯，也可以確保其他人不會再犯同樣的錯。雖然糾正錯誤可能會很尷尬，但重點還是在於知錯能改。

## 結束這回合以前

不久前，我跟同事一起教溝通時，做出一個頗嚴重的失言行爲。那時我們正在討論說明數據時要概括前因後果，否則聽眾可能無法理解或判斷他們看到的數字有什麼重要性。聽起來不像是會有問題言論的主題，但，等等……

爲了說明我們強調的重點，我跟學生說了一個故事，主角是我多年前訓練過的知名銀行高層主管。有一次他在演講時提到自家銀行每天經手的天文數字金額。我建議他提到金額時可以用一些方式讓其他人理解這筆金額有多大。那位主管計算過後，後來在演講時說那筆錢大約是全世界百分之二十五的財富。

舉出這個例子時，我覺得很得意——這樣學生應該都會記得要怎麼跟人說明數字。但這時我注意到有一位學生雙手環抱胸前，一臉陰沉地看著牆壁。他一向比其他同學熱烈參與課堂討論，這時居然保持沉默還一臉憂鬱，我似乎說錯什麼而惹惱他了。課後我問這位學生怎麼了，他說他們家繳不出貸款，我剛提到的那家銀行收走了他們的房子。他聽到銀行每天經手的金額，想到最近的個人遭遇，心情更低落。我覺得很不好意思，便用AAA架構跟他道歉。我說我很抱歉提到那家銀行和他們的營收，我可以理解這個例子勾起了他的負面情緒，我也承諾以後會盡量小心，不用可能冒犯或惹惱聽眾的例子。

如果沒有這個架構可依循，我可能會遺漏想要表達的部分訊息，或是一直喋喋不休。AAA架構幫我集中注意力，迅速提供一個簡潔的道歉，讓我學生被冒犯的低落心情受到重視。由於我及時察覺，也及時回應，學生很快就原諒我。下一堂課他又如往常熱烈地參與課堂討論，而我也學到了寶貴的一課。

我們都會犯錯，這也表示我們都可以從道歉的祕訣中學習，然後有所收穫。AAA架構給我們的挑戰是，無論犯錯後有什麼感受，都必須用同理心回應，並負起責任。使用這個架構促使我們採取行動，先放下防衛心和自尊心，用謙遜的自覺修復人際關係的裂痕。道歉不同於一般認知，並非示弱的表現。甚至可以說，如果想讓人知道我們在乎，而且正在努力改進，道歉是最好的表現方式之一。

## 結語

# 現在，我們開始吧！

澳洲女子游泳選手安娜貝勒・威廉斯是我以前的學生。二〇二二年夏天，她參與了一個即興談話場合——大多數人都會覺得像夢魘般難以應付的那種。威廉斯曾以打破五項世界紀錄的帕運金牌得主身分，受邀擔任大英國協運動會游泳項目的電視轉播解說員。有一天，她接到一通電視臺的緊急電話，由於一位同事臨時有事缺席，老闆希望她能頂替同事，擔任黃金時段運動會轉播的共同主持人。

對威廉斯來說，這是非常難得的機會，因爲她不曾參與主持黃金時段的轉播。這個時段有超過一百萬人次的廣大收視觀眾群。但她也很緊張。在主持重要賽事前，解說員通常要花好幾週研究資料，這樣無論是在賽事中途還是空檔時間，他們都能想到有趣的說話內容。威廉斯爲游泳比賽做過許多研究，可是黃金時段的共同主持人必須評論好幾種運動賽事，意味著她毫無準備就得上場，能講的只有一般的運動常識。

威廉斯還是答應了。她的第一次出場是在晚間，離當下只有四個小時可以準備。於是她連忙請母親幫忙顧兩個小孩，急匆匆進電視臺，盡其所能先準備服飾妝髮，跟製作團隊討論節目流程。爲了緩解緊張，她決定先寫下開場白，到時就可以看著提詞機讀稿。她覺得只要應付完最前面幾分鐘，接下來應該就抓得到節奏繼續下去。

那天晚上進攝影棚時，男主持人對威廉斯表示歡迎，她還很冷靜，覺得一切都在掌握中。但幾分鐘過後，燈光一打，攝影機一開錄，災難就開始了。男主持人看著提詞機讀了她準備的講稿，她以爲男主持人自己也有準備，只是搞錯了，但男主持人讀完她的稿之後，提詞機就一片空白了。

接下來，在一百多萬觀眾的注目下，威廉斯必須即興發揮談兩個她完全不熟悉的比賽項目：沙灘排球和一百公尺跨欄比賽。

威廉斯面臨的考驗很極端，大多數人應該不會像她那樣，必須站在世界舞臺上接受說話技能的挑戰。但如同本書所說的，高壓的即興談話機會出現在各種社交場合，每日可見。我們常常在毫無預備下就必須對著同事、主管、客戶、家人，甚至是陌生人說話。也許自身的恐懼和過去的經驗可能會讓我們戰戰兢兢，但這不代表我們一定會表現得很差。無論我們在自己眼中討不討喜、會不會社交、善不善言詞，只要好好使用我在此介紹的「思考更敏捷，說話更機智」方法，發言時都可以更自在、更有自信。

如前面所說，這個方法有六個步驟：

第一，我們必須承認一件早就知道的事：大多數的溝通都很令人緊張，即興談話尤其如此。我們必須創造屬於自己的焦慮管理方案，緩解緊張造成的反應。**（冷靜）**

第二，我們必須省思自己的溝通方法，還有評判自己與他人的態度，將所有談話機會視為建立連結和合作關係的契機。**（解放）**

第三，必須允許自己採納新思維、嘗試新方法，並將錯誤當成備而不用的方案。**（翻轉）**

第四，我們必須深入傾聽其他人說的話（還有沒說出來的話），同時留意自己的內在聲音和直覺。**（傾聽）**

第五，我們必須利用敘事架構來表達想法，讓我們說的話更清晰好懂、更有說服力。**（架構）**

第六，必須盡量讓聽眾專心聽我們說話，為此，我們傳達的訊息必須精確，能夠引起共鳴，不能摻雜太多特殊詞彙，也不能冗長得令人分神。**（關注）**

若能利用某些技巧，我們在說話時可以很快感受到這六個步驟的部分效果。但如果想要在充分的準備下應對即興談話，這六個步驟是必須培養的基本技能。很多人以為隨時隨地對答如流要靠天分，做得到的人得有敏捷才思或伶俐口齒。有的人確實具備這些才能，但即興談話的祕訣其實在於**「練習」**和**「準備」**。只要付出時間，學習打破舊習慣，多找機會練習不同說話方式，人人都有可能成為更好的即興談話者。聽起來有些矛盾，不過，想在即興談話場合有好表現，我們的確需要事先準備，努力練習一些方法，到時才可以更盡情表達想法，更自在展現個人特質。跟學習任何新技能一樣，練習這些方法時，先別給自己太多壓力會比較好。你不需要逼自己立刻成爲即興談話高手。事實上，你正在努力練習精進自己這一點，已經值得讚賞。有很多人根本不覺得即興談話技能有什麼重要，還有些人想要增進技能卻沒有勇氣付諸行動。你會選擇讀這本書，代表有自覺，也有勇氣。我很樂意相信你已經在進步的路上。讀過這本書，做過一些練習後，你在即興談話場合中應該比較能放鬆，也比較敢說話了。

我想邀請你，在接下來的每一週、每個月、每一年繼續關注即興談話技能，繼續練習書中提到的方法。你可以試著多參加社交場合，實驗新技能和新方法。不要偶爾想到才去參加並測試自己，如果可以的話，請設法一週參加數次。即使你沒有打算加入《週六夜現場》團隊，依然可以報名即興喜劇課程。你還可以加入國際演講協會，聽一些溝通相關的 Podcast 節目、參加線上課程、找信賴的朋友給意見回饋。這本書只是一個開始，從此你將踏上持續精進溝通技能的旅程。我希望你在努力的過程中，或是想複習一些方法時，可以常常回頭翻這本書。我相信，當你眞正有進展時，你會發現「思考更敏捷，說話更機智」的價值，並產生繼續奮鬥的動力。

想在即興溝通場合變得游刃有餘需要耐心、決心、平常心，不過我的客戶和學生也發現了：這一切可以改變人生。

安娜貝勒．威廉斯就是其中的好例子。她沒有在現場直播的觀眾面前愣住，即興溝通的壓力沒有擊垮她。因爲她已經花很多年學習管理焦慮，練習用正向的角度看待所有溝通機會，練習可以吸引關注的說話方式，她有信心可以迅速適應這個瞬息萬變的舞臺，順利完成任務。她一邊保持冷靜，一邊想起幾個沙灘排球和百米跨欄相關冷知識。於是她將這個艱難時刻轉換成分享冷知識的機會，很快就說出了一些話。然後她讓畫面切到來自會場直播的訪談，一切都很順利——最緊張的時刻已經過去了，她表現得很好。後來，在電視臺直播大英國協運動會的最後四晚，她都是黃金時段的共同主持人，這個經驗令她興奮不已，也會是履歷上亮眼的一筆紀錄。天曉得這個成功經驗往後會帶她去哪裡。

最後我想分享一個在我心中具有重要地位的小故事。我拿到初段黑帶後，師傅向我握手祝賀：「恭喜，你表現得很好。現在，我們開始吧。」我以爲拿到黑帶是重大成就，長期的勤奮學習總算到達高峰。殊不知，那只是第一步——我還有數不清的事要學習。即興溝通就像這樣。恭喜你讀完這本書。關於怎麼專注於當下，怎麼展現人格特質、怎麼在眾所矚目中溝通，你已經學到不少。

現在，我們開始吧。

（繼續學習的一個好方法是去看看官方網站，詳情請參考附錄二。）

# 附錄一　在特定場加使用的架構

| 實際應用 | 可用架構 |
| --- | --- |
| 應用一：閒聊 | 「什麼—為什麼—怎麼辦」：提出論點或想法（**什麼**）；描述這個資訊的重要性（**爲什麼**）；建議聽眾利用新資訊採取行動（**怎麼辦**）。 |
| 應用二：致詞 | WHAT：解釋為什麼我們在這裡（**W**）；說明你跟主角有什麼關係（**H**）；分享主角或活動本身相關的小故事或啓發（**A**）；感謝主角或活動相關人等，並給予祝福（**T**）。 |
| 應用三：提案 | 「問題—解決方案—優勢」：指出你和聽眾正在面對的挑戰、問題或痛點（**問題**）；提出問題的解決方案，列舉具體步驟或產品或方法（**解決方案**）；描述採用解決方案後帶來的好處（**優勢**）。<br>「如果可以……你覺得會怎麼樣？」<br>「如此一來……」<br>「舉例來說……」<br>「不只如此……」 |
| 應用四：問答 | **ADD**：用一句話回答問題（**A**）；舉例說明以上答案（**D**）；列舉好處讓提問者明白答案的意義（**D**）。 |
| 應用五：建議 | 4I：提供**資訊**、呈現**影響**、提出**邀請**、**分析可能後果**。 |
| 應用六：道歉 | **AAA**：**承認**行為，擔負責任；**理解**過失的影響；具體說明你會怎麼**彌補**，例如採取或不做什麼行動或改變什麼想法。 |

# 附錄二　提供新素材的網站

爲了進一步協助你，讓你在即興溝通方面變得更有自信，並得到更大效益，我也開設了「思考更敏捷，說話更機智」網站，持續更新對你有所助益的想法、訣竅、工具、建議。你會在網站上看到從本書主題延伸討論的文章和影片。我希望你有需要時可以一再複習這本書，也希望你有機會可以常來逛逛這個網站。

掃描以下 QR CODE，即可前往官方網站，看到更多新素材。

Eurasian Publishing Group
圓神出版事業機構
用心與你對話・視野無限寬廣
究竟出版社
Athena Press

www.booklife.com.tw　　reader@mail.eurasian.com.tw

New Brain 040

# 思考更敏捷，說話更機智：史丹佛MBA必修溝通課

Think Faster, Talk Smarter: How to Speak Successfully When You're Put on the Spot

作　　者／麥特．亞伯拉罕（Matthew Abrahams）
譯　　者／徐彩嫦
發 行 人／簡志忠
出 版 者／究竟出版社股份有限公司
地　　址／臺北市南京東路四段50號6樓之1
電　　話／（02）2579-6600・2579-8800・2570-3939
傳　　真／（02）2579-0338・2577-3220・2570-3636
副 社 長／陳秋月
副總編輯／賴良珠
責任編輯／歐玟秀
校　　對／歐玟秀・林雅萩
美術編輯／李家宜
行銷企畫／陳禹伶・黃惟儂
印務統籌／劉鳳剛・高榮祥
監　　印／高榮祥
排　　版／陳采淇
經 銷 商／叩應股份有限公司
郵撥帳號／18707239
法律顧問／圓神出版事業機構法律顧問　蕭雄淋律師
印　　刷／祥峰印刷廠
2024年3月　初版

Think Faster, Talk Smarter: How to Speak Successfully When You're Put on the Spot by Matthew Abrahams.


定價 390 元　　ISBN 978-986-137-439-0　

焦慮並不是百分之百有害的東西。
它可以成爲讓人產生行動的能量來源，
也可以成爲讓人認識生命意義的契機。

——《佛洛伊德的椅子：化解內在衝突，隨身必備的情緒調節書》



國家圖書館出版品預行編目資料

思考更敏捷，說話更機智：史丹佛 MBA 必修溝通課／麥特．亞伯拉罕（Matthew Abrahams) 著 .
-- 初版 . -- 臺北市：究竟出版社股份有限公司，2024.03
288 面；14.8×20.8 公分 . --（New brain；40）
譯自：Think faster, talk smarter : how to speak successfully when you're put on the spot
ISBN 978-986-137-439-0（平裝）
1. CST：說話藝術 2. CST：口語傳播 3. CST：溝通技巧

192.32 113000616